藍より青き次世代へ

とうとうと流れる吉野川
流域では阿波藍の文化が育まれてきました
その心と技は進化し、次世代の新鮮な感性を紡いで
新たな挑戦がはじまっています
「青は藍より出でて、藍より青し」
私たちあわぎんは
お客さまの感動満足と豊かな地域社会の実現をめざし、
みなさまの想いに力を尽くします

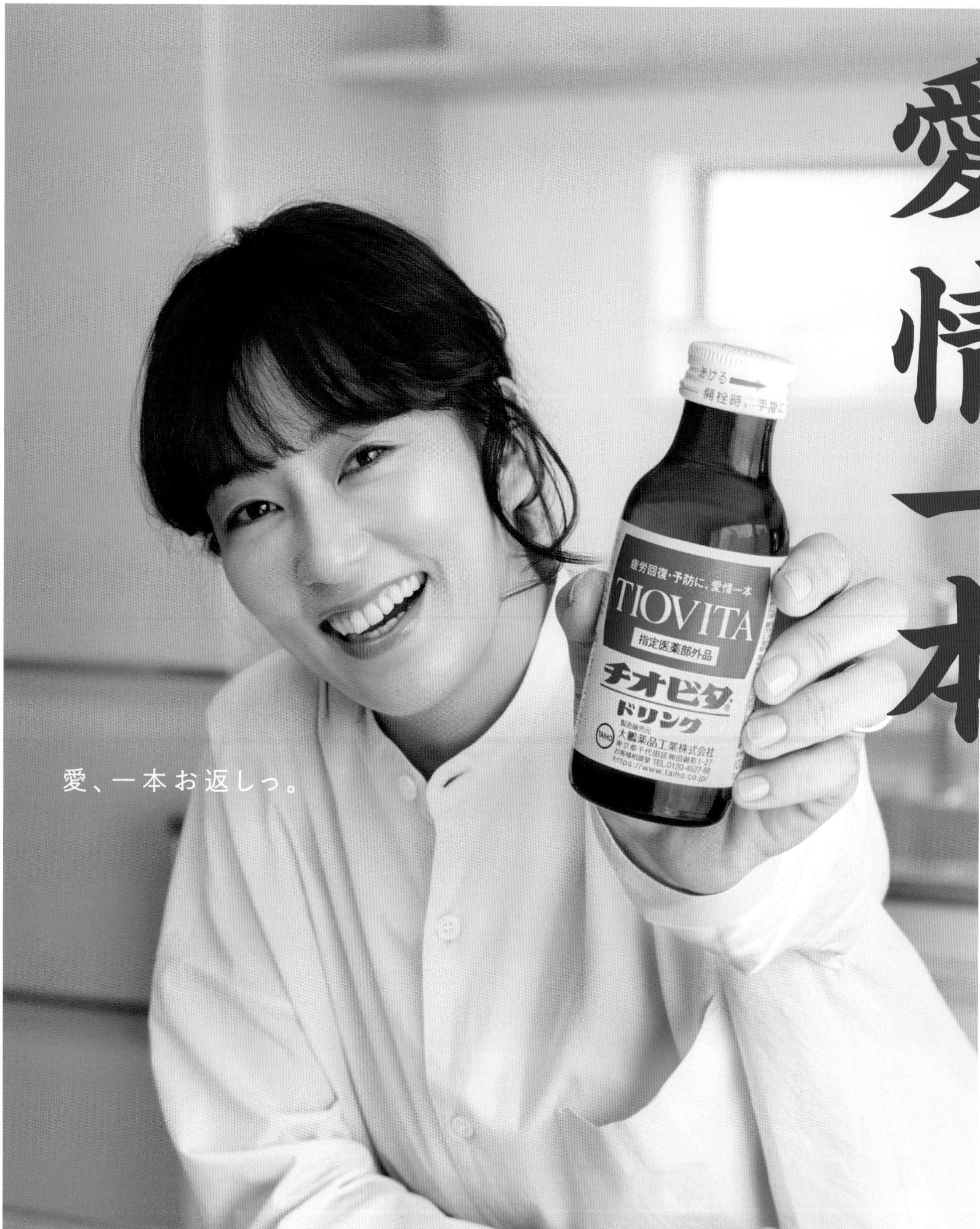
愛、一本お返しっ。
疲労回復・予防に、愛情一本
TIOVITA
指定医薬部外品
チオビタ
ドリンク
大鵬薬品工業株式会社
https://www.taiho.co.jp/

徳島ヴォルティス
2023シーズン全記録
激闘の軌跡
2023

TOKUSHIMA VORTIS

目次

※紙面内「この試合後の順位」とは、節が終了後の順位です。

苦しみ抜いたシーズン

BODYMAINTÉ
POCARI SWEAT
9
POCARI SWEAT
26
15
KITAKIKA
大塚製薬
26

若手の成長 来季の糧に

WE ARE VORTIS
おかえり、曜一郎。
WE
ARE
ONE
NO VORTIS NO LIFE
TOKUSHIMA
Existência

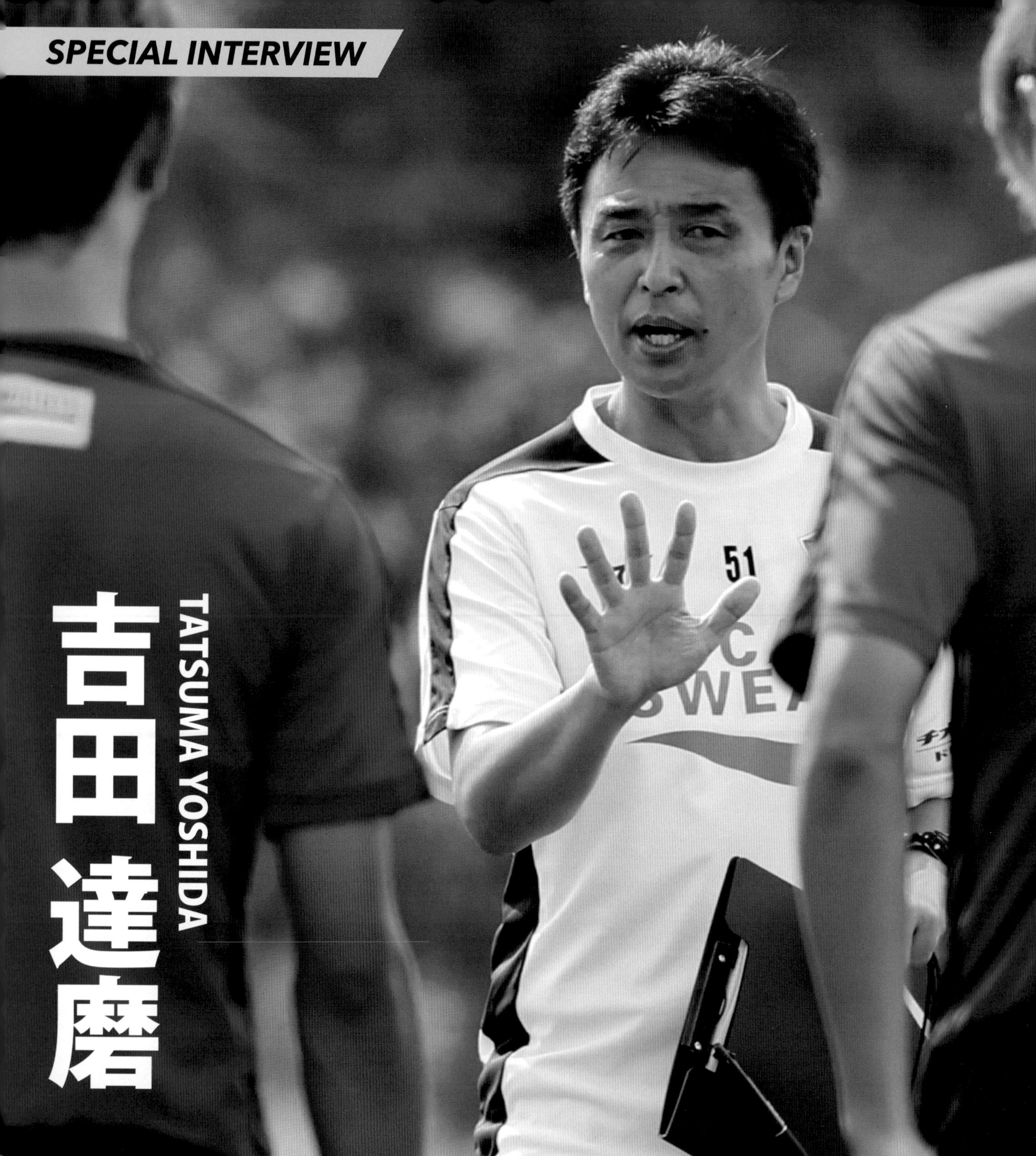
SPECIAL INTERVIEW
吉田達磨
TATSUMA YOSHIDA

残留への11戦　学び多く

成績不振に伴い、２００６年以来２度目となるシーズン途中での監督交代に踏み切ったＪ２徳島ヴォルティス。Ｊ３降格危機が目前に迫っていた残り11試合のタイミングでスペイン人のラバイン前監督から指揮を引き継いだ吉田達磨監督は、４勝４分け３敗と勝ち越しに成功し、クラブを残留に導いた。徳島での戦いを振り返ってもらった。

▶Ｊ３降格圏の２１位をわずか勝ち点１上回る１９位からの指揮となった。

オファーをもらった段階で、タフな戦いになるというイメージをしていた。まずは選手、サポーターが自分を受け入れてくれたので、しっかり仕事ができた。今の自分達にとって何がベストなのかを常に考えた。2試合を残して残留を決めることができ、ほっとしている。もっと勝てたとも思うし、よく勝てたとも思う。たくさんの学びがあった１１試合だった。

▶最も印象に残っている試合は何ですか。

初采配となった金沢戦（１—０で勝利）。自分自身のテンションが高く緊張もしていた。初陣をしっかりと勝利で飾ることができ、本当に良かった。

▶１１試合を率いて、見えたチームの課題は。

足りないところはたくさんある。だからこそ、練習の質にこだわる必要がある。細部までこだわり、トレーニングの強度も空気も変えれば、全ての部分を伸ばせると思う。

▶準備期間も、実際に指揮を執った期間も短く、自分のカラーを出しにくかったのではないか。

短い期間だったので選手たちとコミュニケーションを取り切れなかった心残りや悔しさはある。ただ、在籍している選手のできることをまとめれば、それはしっかりとした色になる。試合間隔が３週間空いた３９節磐田戦前に自分の大事にしていることを伝えることができた。選手の特長を出しながら、全員の努力が結果につながるチームにしたいと考えている。

▶応援してくれたファン、サポーターにメッセージを。

悲しさや苦しさの方が多いシーズンだったと思う。それでも、さまざまなサポートのおかげで最後まで走り抜くことができた。本当に感謝している。

SPECIAL INTERVIEW

柿谷曜一朗

YOICHIRO KAKITANI

チームの顔 責任痛感 今季の経験 来年に生かす

12年ぶりに徳島ヴォルティスに復帰した元日本代表の柿谷曜一朗は今季、ピッチ内外で仲間をけん引した。7ゴールと一定の結果を残しながら、成績が低迷した一因を自らに向けるなどチームの「顔」としての強い責任感をにじませた。今季を振り返ってもらい、来季への思いを聞いた。

▶J2残留を争う苦しいシーズンとなった。

サポーターの大きな期待に応えられず、残念なシーズンにしてしまった。その原因の中に自分のパーセンテージが大きく占めると感じている。徳島を絶対にJ3へ降格させてはいけないと、シーズン途中から頭を切り替えて戦った。再びJ1を狙える舞台にとどまることができ、最悪の結末にならなくて良かったと今は思う。

▶なかなか白星が挙げられず、重圧はなかったか。

期待されているからこそやらなきゃいけないし、期待されてなくても結果を残す必要がある。だから重圧は特になかった。サッカー人生が終盤に差し掛かった今、体が動くうちにプロ選手として羽ばたかせてくれた徳島に貢献したかったし、自分の価値を証明したいという思いの方が強かった。

▶J2では自己最高の7点を挙げるなど、柿谷選手の活躍で一時は成績が上向いた。

まだまだ。もっとプレーでチームを引っ張っていかないといけない。ボールが欲しいタイミングで来ないのは自分に責任がある。もっと得点してチームを助けられる部分はあった。J2のレベルは相当上がっている。これじゃ駄目だと気付かされた。今季の経験は来年に生きると思うので、しっかり準備していく。

▶負けた試合は率先してスタンドに頭を下げ、サポーターに厳しい言葉を投げ掛けられた際は、チームを代表して意見を交換していた。成績不振を一人で背負い過ぎていたのでは。

背負うべきだと思っていた。それだけ責任ある立場だというのは理解していた。昔は正直「汚れ役」はダサいと避けてきたけど、自分の影響力が大きいのは分かっていたし、嫌なことはいくらでも受け止めることができた。徳島のために尽くした自分の姿を見た若手が何かを感じ取ってくれたらうれしい。

▶シーズン途中でラバイン監督が解任された。

監督が代わるのは当たり前の世界。別れは常にある。ベニ（ラバイン前監督）は俺に似ていて、チームが苦しい時、自分だけにブーイングしてほしいと言い、責任をすごく背負っていた。俺を信頼してくれていたし、それに応えたい気持ちも強かった。他の選手を後押ししてくれとよく言われた。いい関係を築けていたので、できるなら苦しい時期を一緒に最後まで乗り越えたかった。ベニを勝たせられず、責任を感じている。

▶吉田監督に代わってチームは変わったか。

性格が優し過ぎるベニと違い、吉田監督になってからはチームがピリッと引き締まった。カリスマ性が高く、試合に向かうモチベーションづくりがすごくうまい。最初は気を遣われていると感じることもあったが、本音で話し合えるようになり残留に懸ける意気込みが伝わった。

▶来季に向けての意気込みを。

自分を使い続けてくれた監督に感謝している。年齢も年齢なので、休んでいたら衰えてしまう。今からしっかりと体をつくり、準備を進めていく。

徳島ヴォルティス 2023シーズン

勝ち点・順位の推移

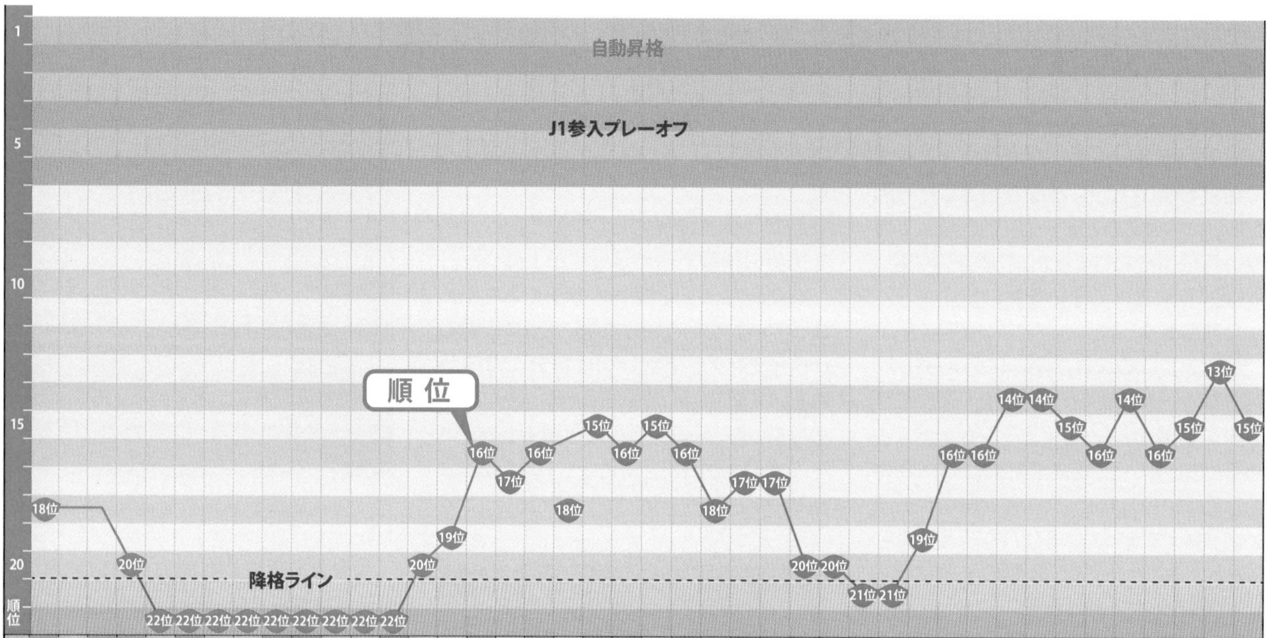

自動昇格

J1参入プレーオフ

降格ライン

節	1	2	3	4	5	6	7	8	9	10	11	12	13	14	15	16	17	18	19	20	21
月日	2・19	2・25	3・4	3・12	3・19	3・25	4・2	4・8	4・12	4・16	4・23	4・29	5・3	5・7	5・13	5・17	5・21	5・28	6・3	6・11	6・17
対戦	大分	甲府	仙台	東京V	いわき	秋田	熊本	千葉	水戸	長崎	群馬	磐田	清水	大宮	山口	金沢	藤枝	町田	岡山	栃木	山形
勝敗	1●2	1△1	1△1	0●2	0●1	0△0	1△1	2△2	0●2	0●4	0△0	3○2	1△1	3○1	2△2	2○0	0●3	2○1	0●2	1○0	1△1
順位	18位			20位	22位	22位	22位	22位	22位	22位	22位	22位	22位	20位	19位	16位	17位	16位	18位	15位	16位
勝点	0	1	2	2	2	3	4	5	5	5	6	9	10	13	14	17	17	20	20	23	24

節	22	23	24	25	26	27	28	29	30	31	32	33	34	35	36	38	37	39	40	41	42
月日	6・25	7・1	7・5	7・9	7・15	7・22	7・29	8・6	8・13	8・20	8・26	9・3	9・10	9・16	9・24	9・27	10・1	10・22	10・28	11・4	11・12
対戦	仙台	群馬	水戸	岡山	東京V	甲府	町田	千葉	栃木	山口	金沢	清水	いわき	大分	大宮	熊本	山形	磐田	長崎	藤枝	秋田
勝敗	1△1	0△0	1●3	1△1	0△0	1●2	1●2	3△3	2△2	2○0	1○0	0△0	2○0	3△3	0●1	0●1	1○0	0●3	2○1	0△0	1△1
順位	15位	16位	18位	17位	17位	20位	20位	21位	21位	19位	16位	16位	14位	14位	15位	16位	14位	16位	15位	13位	15位
勝点	25	26	26	27	28	28	28	29	30	33	36	37	40	41	41	41	44	44	47	48	49

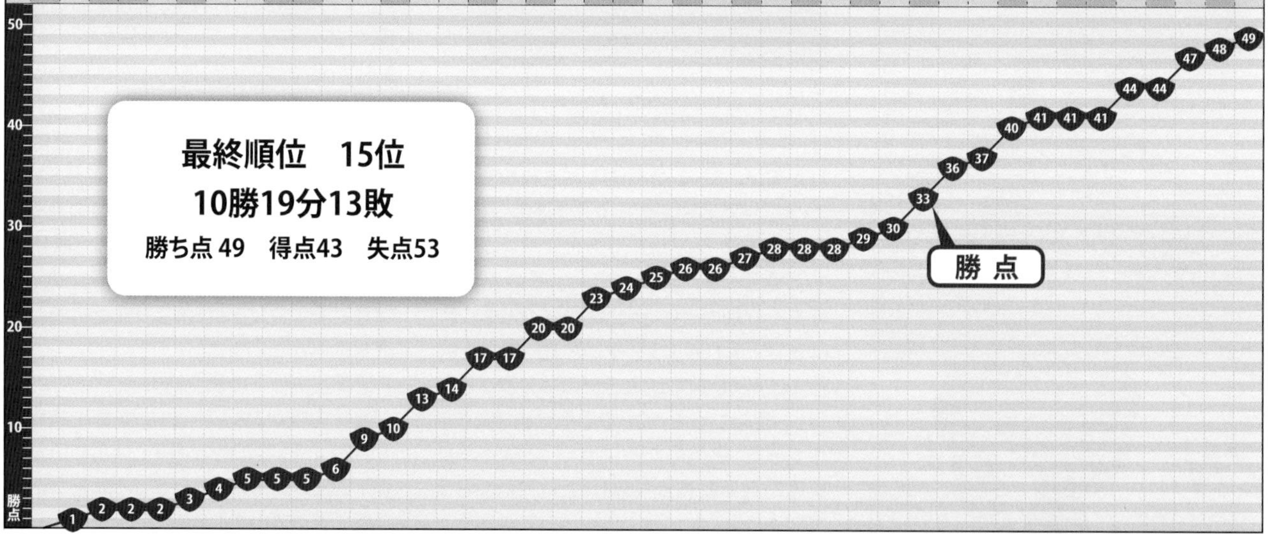

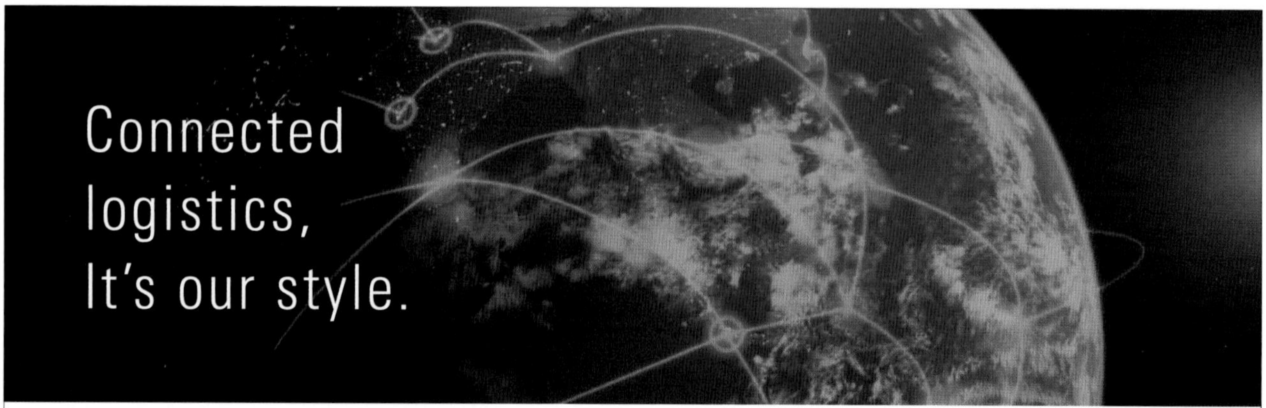

最終順位　15位

10勝19分13敗

勝ち点 49　得点43　失点53

TOKUSHIMA VORTIS 2023 SEASON REVIEW

終盤まで残留を争う苦しいシーズンとなった。徳島ヴォルティスは、J2が現行の22クラブ制となった2012年以降、ワーストタイの15位で23年の戦いを終えた。話題に富んだ開幕前の期待とは裏腹に、序盤から低空飛行を続けて一時は最下位に転落。成績低迷に伴い、06年以来2度目となるシーズン途中の監督交代も経験した。ベニャート・ラバイン前監督から吉田達磨監督に代わった残り11試合で勝ち点を積み増し、何とかJ3降格を免れたものの、課題の残る1年となった。

昨季の主力が多く残った上に、元日本代表の柿谷曜一朗、17年に23点を挙げた渡大生といった実績ある選手が復帰し、ファン、サポーターの期待は高まった。指揮官にはスペインの名門レアル・ソシエダードの若手戦術分析官で監督初挑戦のラバイン氏を据え、その采配にも注目が集まった。

ただ、シーズン序盤は極度の得点力不足にあえいだ。徳島のスタイルでもある後方から丁寧につなぐ戦術でペナルティーエリア付近までは攻め上がるものの、ラストパスやシュートなど最後の部分の精度を欠き、先制点すら奪えない。気が付けば、開幕から11戦未勝利（6分け5敗）のクラブワースト記録を樹立。この間はわずか6ゴールしか生まれなかった。

0-4で大敗した10節長崎戦を分岐点に、大幅な路線変更に踏み切った。それまでの4バックから攻撃時は3バック、守備時は5バックの3-5-2に布陣を変え、技術の高い柿谷とシュートに威力がある森海渡を2トップに固定した。これが攻守に好循環をもたらし、12節磐田戦で初勝利を挙げると、そこからの10試合は5勝3分け2敗の好成績を残した。

J1昇格に向け、反撃態勢が整ったかに見えたが、相手の対策も進み、後半戦に入ってからは再び勝てない時期が続いた。試合終了間際に追い付かれる不運な試合も重なり、30節栃木戦まで10戦にわたって白星から見放され、順位も急降下。残り試合が減っていく中、ついにJ3降格圏の21位に転落した。

ここでクラブは大きな決断を下した。31節山口戦後にラバイン監督を解任し、吉田氏を新指揮官に迎えた。監督交代後は中央を固める守備を徹底し、3試合連続無失点で2勝1分けと好発進。攻撃面もつなぎながら相手守備陣の背後を狙う動きを取り入れて活性化を図った。吉田体制となった11試合は4勝4分け3敗と勝ち越しに成功。2試合を残してJ2残留を確定させ、J1復帰の目標を来季につないだ。

白星の数はリーグで2番目に少ない10。引き分けは最多の19に上った。「勝ち切れないチーム」から「勝つチーム」に変わるためにも、選手補強でチーム力を高めるとともに、結果を残せなかった原因を分析して解決策を来季の戦術に落とし込み、3度目のJ1昇格を実現したい。

2023　J2リーグ　最終順位表

順位	クラブ名	勝点	勝	分	負	得点	失点	得失点
1	FC町田ゼルビア	87	26	9	7	79	35	44
2	ジュビロ磐田	75	21	12	9	74	44	30
3	東京ヴェルディ	75	21	12	9	57	31	26
4	清水エスパルス	74	20	14	8	78	34	44
5	モンテディオ山形	67	21	4	17	64	54	10
6	ジェフユナイテッド千葉	67	19	10	13	61	53	8
7	V・ファーレン長崎	65	18	11	13	70	56	14
8	ヴァンフォーレ甲府	64	18	10	14	60	50	10
9	大分トリニータ	62	17	11	14	54	56	-2
10	ファジアーノ岡山	58	13	19	10	49	49	0
11	ザスパクサツ群馬	57	14	15	13	44	44	0
12	藤枝MYFC	52	14	10	18	61	72	-11
13	ブラウブリッツ秋田	51	12	15	15	37	44	-7
14	ロアッソ熊本	49	13	10	19	52	53	-1
15	徳島ヴォルティス	49	10	19	13	43	53	-10
16	ベガルタ仙台	48	12	12	18	48	61	-13
17	水戸ホーリーホック	47	11	14	17	49	66	-17
18	いわきFC	47	12	11	19	45	69	-24
19	栃木SC	44	10	14	18	39	47	-8
20	レノファ山口FC	44	10	14	18	37	67	-30
21	大宮アルディージャ	39	11	6	25	37	71	-34
22	ツエーゲン金沢	35	9	8	25	41	70	-29

TOKUSHIMA VORTIS
CAMP REPORT

1st 2023.1.12-15 KOCHI　2nd 2023.1.18-29 MIYAZAKI

　サッカーJ2徳島ヴォルティスは1月12日、高知市の春野総合運動公園球技場で１次キャンプに入った。スペインの名門レアル・ソシエダードで戦術分析官をしていたスペイン人のベニャート・ラバイン監督の下、初日から実戦形式を多く取り入れたハードなメニューを消化。球際激しくボールを奪い合い、J1復帰に挑む一歩を踏み出した。

　チームは柿谷曜一朗、渡大生の復帰組を含む新戦力11人が加わった37人で始動。ラバイン監督はボールを保持しながら組織的、攻撃的に戦う徳島のスタイルを継承した上で、スペースへの効果的な攻撃やペナルティーエリア内での貪欲さ、1対1での強さなどを植え付けようと指揮した。選手の多くは「きつい」と漏らしながらも15日までの4日間、オフ明けの体に活を入れた。

　18～29日には宮崎市のひなた宮崎県総合運動公園ラグビー場で2次キャンプを行った。高知キャンプ同様、実戦形式を数多くこなし、プレスや組み立ての練習にも時間を費やした。練習試合はJ1鹿島に6-3で快勝した後、J2大分と3-3で引き分け、甲府には2-0で完封勝ち。2勝1分けと幸先良いスタートを切った。

24
KAZUKI
Win beautifully !
LEFTY
MONSTER
33
KEITA
ABE
TAKASHI 4
WATARI
DAIKI FW/16
西谷和希
POCARI SWEAT

第1節　2/19(日)
鳴門ポカリスエットスタジアム
HOME

●徳島　1－2　大分○

この試合後の順位　18位／22

今季開幕戦のスタメンに選ばれた選手

終了間際、青一色に染まったスタンドから大きなため息が漏れた。徳島市出身のＦＷ西野がリーグ初得点となる同点弾を決め、追い上げムードが漂っていた矢先にまさかの失点。是が非でも勝ち点を取りたかったホーム開幕戦を落とし、３季ぶりのＪ１復帰を目指すチームにとっては試練の船出となった。

前半は前線の柿谷や西谷らが連動したプレスをかけ、雑になったクリアを拾って主導権を握る時間が長かった。西谷のドリブル突破からのクロスで好機を築いたものの、わずかにＦＷと連係が合わなかった。ベニャート・ラバイン監督は「押し込むだけのビッグチャンスを決め切れなかった」と決定力不足を嘆いた。

風下に回った後半は１点を失ってから攻撃的な選手を５人投入。さらに前掛かりに仕掛けた。後半４４分、途中出場の西野がこぼれ球に反応して同点弾を決めるとスタンドからは大歓声。ただ、歓喜の時間はつかの間で、直後にＣＫからの混戦から失点し、落胆が広がった。西野は「負けたので素直には喜べない。次は勝ちにつながるゴールを決めたい」と表情を引き締める。

「勇敢に戦う」「相手を支配する」を掲げた今季。チーム始動から磨いてきたハイプレスは一定程度機能し、相手の組み立てを乱してボール奪取に成功した。しかし、「プレス合戦」の様相を呈したこの試合、徳島も後方からの組み立てが窮屈となったのは否めない。もっとボールをつないで相手を動かす工夫も必要だったのではないか。

センターバックを務めた安部は「予想していた結果ではないので悔しい。ただ、ボールの持ち方、運び方などの課題は個々で改善できるポテンシャルをみんな持っている。顔を上げて次の試合に進みたい」と再スタートを誓った。

1節　2月19日(日)　14:00 KO

鳴門ポカリスエットスタジアム(12,070人)

徳島		HOME		大分
0勝0分1敗 勝点0		1 (0-0 / 1-2) 2		1勝0分0敗 勝点3
SH 6 CK 3 FK 16 PK 0	スアレス	GK	西川	SH 8 CK 2 FK 19 PK 0
	田向	DF	デルラン	
	カカ	DF	安藤	
	安部	DF	ペレイラ	
	櫻井	MF	弓場	
	杉本	MF	梅崎	
	柿谷	MF	野村	
	サンデー	MF	茂	
	児玉	MF	藤本	
	西谷	MF	野嶽	
	森海	FW	伊佐	

得点者

徳島	大分
西野 太陽(1)	野村 直輝(1) 宇津元 伸弥(1)

交代

徳島	大分
▼森海▲渡	▼伊佐▲宇津元
▼櫻井▲白井	▼梅崎▲屋敷
▼杉本▲坪井	▼野嶽▲保田
▼田向▲山下	▼野村▲中川
▼児玉▲西野	▼藤本▲高畑

新生徳島
試練の船出

後半、リーグ初得点となる同点ゴールを決めた西野

6年ぶりの徳島復帰で熱いプレーを見せる渡

12年ぶりに徳島のピッチで躍動する柿谷

第2節　2/25（土）
JIT リサイクルインク スタジアム　AWAY

▲徳島　1－1　甲府▲

この試合後の順位　16位／22

後半、ドリブルで駆け上がる浜下

ＦＷとしての嗅覚と技量を発揮し、ダイレクトボレーを右隅にたたき込んだ。後半４分、２試合連続となるゴールを決めた徳島市出身の西野は「何となくこぼれてきそうな所に位置取っていた。後はぶち込むだけだった」。本人が事もなげに振り返った同点弾は、後半にチームが流れをつかむ足掛かりとなった。

前半、甲府の狙いは明確で、後方から丁寧に組み立てる徳島のパスコースをさえぎり、出しどころをつぶしに来た。何度も好機をつくられている中で迎えたロスタイム。櫻井の思い切ったくさびのパスをカットされ、絵に描いたようなカウンターを仕留められた。

一方、徳島はカカが積極的に持ち運ぶことで風穴を開けたシーンがあった程度で、昨年の天皇杯を制した甲府の堅守を打開できなかった。

潮目が変わったのは白井をアンカーに、浜下を右サイドバック（ＳＢ）に投入した後半。白井が前後左右に動いて緩急をつけたパスを送り、両ＳＢの積極的な攻撃参加がリズムを生んだ。柿谷と西谷も内と外を使い分けて相手を揺さぶり、前半は１本だったシュートを後半は８本放った。

しかし、逆転ゴールを奪うには至らず。左ＳＢで初先発した外山は「前半はウイングとうまく絡めず、前進できなかった。交代選手が入ってギアが上がったけど、自分自身もっと攻撃参加できた」と課題を挙げた。

１月の練習試合では２―０で退けた甲府に勝ち切れず、初勝利は持ち越しとなった。とはいえ、チームは今季初の勝ち点を手にした。ラバイン監督は「互いに勝つチャンスがあり、引き分けは妥当な結果。チームは成長段階にあり、現時点では悪くないと思っている」と前回の敗戦から一歩前進した選手たちをたたえた。２戦２ゴールの西野は「まだ全然足りない。このままどんどん点を取り続け、次は勝利できるよう頑張る」と頼もしく語った。

追い付きドロー、西野2戦連続弾

2節　2月25日(土)　13:00 KO				
JIT リサイクルインク スタジアム(5,633人)				
	徳島 0勝1分1敗 勝点1	AWAY 1(0-1 / 1-0)1	甲府 0勝1分1敗 勝点1	
SH 9	スアレス	GK	河田	SH 6
CK 4	田向	DF	須貝	CK 4
FK 6	カカ	DF	エドゥアルドマンシャ	FK 16
PK 0	安部	DF	井上	PK 0
	外山	DF	小林	
	櫻井	MF	武富	
	児玉	MF	長谷川	
	柿谷	MF	松本凪	
	西谷	MF	佐藤	
	渡	FW	宮崎	
	西野	FW	ウタカ	
得点者				
西野 太陽(2)			エドゥアルド マンシャ(1)	
交代				
▼田向▲浜下 ▼櫻井▲白井 ▼児玉▲杉本 ▼渡▲千葉 ▼西野▲坪井			▼佐藤▲品田 ▼武富▲鳥海 ▼宮崎▲水野	

後半、西野が同点ゴールを決める

第3節　3/4(土)
鳴門ポカリスエットスタジアム　HOME

▲徳島　1 − 1　仙台▲

この試合後の順位　16位／22

後半、相手と激しく競り合う児玉

　後半序盤にＣＫから先制された徳島が選択したのは、さらなる失点のリスクを顧みない大胆な攻撃だった。ウイングやトップ下が本職の選手を両サイドバック（ＳＢ）に配し、攻撃の人数を増やして１点を奪いにいった。初勝利は持ち越しとなったものの、ラバイン監督は「満足している」と勝ち点１をもぎ取った選手たちをたたえた。

「選手に大胆さを求めている自分が、一番大胆な選択をしないといけない」。１点を追う後半１９分、左ＳＢ外山に代えて監督が送り出したのはＦＷ坪井だった。これに伴い、３トップの左を担っていた西谷が左ＳＢに。右ＳＢには昨季３トップの右で活躍した浜下を先発起用しており、攻撃力に秀でた２人は監督の要求通りに両サイドを駆けて前線に厚みをもたらした。その半面、最終ラインは２バックになる時間もあり、カウンターへのリスクが高まった。

　それでもひるまなかった。ＦＷ柿谷が下がって組み立てと守備の穴埋めに気を利かし、両翼は果敢にアタック。退場で１人少なくなり、より引いて守る選択をした仙台を左右から揺さぶった。

　ゴール前に６人が攻め上がった後半４５分。右クロスをファーサイドで受けた西谷が相手ＤＦ２人を引き付け、フリーとなった坪井にパス。「コースを狙うことだけを意識した」と振り返るシュートは美しい軌道でゴール右隅に吸い込まれた。

　開幕戦も先行された後に攻撃の枚数を増やして攻勢に出た。西谷は「練習でもＳＢに入ることはないが、負けているときに恐れず戦うのは自分の性格に合っている。やっていて面白い」と語る。

　白井、浜下らがビルドアップに安定感をもたらし、サイドと中央を使い分けて形をつくった。だが開幕から３戦未勝利。スタートダッシュには失敗した。浜下は「試合ごとにチームの成熟度は増している。練習を重ね、さらに高めていきたい」と話した。

2戦連続ドロー 坪井、土壇場のゴール

3節　3月4日（土）　14:00 KO				
鳴門ポカリスエットスタジアム（5,553人）				
徳島 0勝2分1敗 勝点2		HOME 1（0-0／1-1）1		仙台 1勝2分0敗 勝点5
SH 9 CK 5 FK 16 PK 0	スアレス	GK	林	SH 8 CK 4 FK 12 PK 0
	浜　下	DF	小　出	
	カ　カ	DF	菅　田	
	安　部	DF	金太炫	
	外　山	DF	真　瀬	
	白　井	MF	エベルトン	
	杉　本	MF	中　島	
	西　谷	MF	相　良	
	柿　谷	MF	郷　家	
	渡	FW	気　田	
	西　野	FW	許熔埈	
得点者				
坪井 清志郎（1）				菅田 真啓（1）
交代				
▼杉本▲児玉 ▼外山▲坪井 ▼渡▲森海 ▼浜下▲杉森				▼気田▲山田 ▼許熔埈▲中山 ▼郷家▲蜂須賀 ▼中島▲遠藤 ▼相良▲松下

後半終了間際、同点ゴールを決め駆け出す坪井

第4節　3/12(日)
鳴門ポカリスエットスタジアム　HOME

●徳島　0－2　東京V○

この試合後の順位　20位／22

後半、シュート性のボールに飛び込む渡

崩し切れず零敗、4戦勝ちなし

試合内容は悪くなかった。風上に立った前半は敵陣に押し込み、風下の後半も主導権を握った時間帯は何度かあった。それでも崩し切れずに今季初の無得点。東京Ｖに２０１８年以来の黒星を喫したイレブンがスタンドに頭を下げると、拍手にブーイングが交じった。

東京Ｖの城福監督（徳島市出身）が「我慢強く守って後半を迎えられたのが大きかった」と話した通り、前半にリードできなかったのが響いた。両サイドから西谷、浜下、外山が深いエリアまで切り込んだが相手の帰陣が速く、数的優位をつくれない。１８０センチ超のセンターバック２人を軸にゴール前を固められ、クロスの雨を降らせても、ことごとくはじき返された。

西谷は「組み立ての際に相手のプレスを完全にはがせず、スピードを持って攻撃できなかった。押し込んでいる時もブロックを敷かれ、打開できなかった」と唇をかんだ。

後半は風の影響を受けにくい低めのパスをつないで敵陣に迫った。２８分には途中出場のＭＦ杉森がゴール前に速いクロスを送り、ＦＷ渡が飛び込んだがわずかに合わず、最大の得点機を逃した。

失点シーンは、体の違和感で欠場した守護神スアレスの不在が響かなかったと言えば嘘になる。代わってプロ初出場となったＧＫ田中の前線へのロングフィードが向かい風でやや押し戻されたところを相手に拾われ、不運な浜下のオウンゴールにつながった。２失点目は「風上の優位性を感じていた」と言う元徳島の梶川に、右足からこれ以上ないコースへ直接ＦＫを打ち込まれた。

昇格争いのライバルたちが勝ち点を伸ばす中、開幕４試合で白星なしではサポーターらのフラストレーションもたまるだろう。田中は「自分が貢献して勝たせたかった。敗戦を糧に個人として、チームとしてはい上がっていく」と挽回を誓った。

4節　3月12日(日)　14:00 KO
鳴門ポカリスエットスタジアム(6,006人)

徳島 0勝2分2敗 勝点2		HOME 0(0-0 0-2)2		東京V 2勝2分1敗 勝点7
SH 6	田中	GK	マテウス	SH 6
CK 5	浜下	DF	宮原	CK 6
FK 17	カカ		山越	FK 21
PK 0	安部		平	PK 0
	外山		深沢	
	白井	MF	斎藤	
	杉本		林	
	柿谷		森田	
	西谷		バスケス	
	坪井	FW	エンゲルス	
	渡		河村	

得点者

徳島	東京V
	オウンゴール 梶川諒太(1)

交代

徳島	東京V
▼杉本▲杉森	▼エンゲルス▲梶川
▼外山▲内田	▼斎藤▲西谷
▼坪井▲児玉	▼バスケス▲楠
▼浜下▲西野	▼森田▲綱島
▼渡▲森海	▼河村▲佐川

プロ初出場となったGK田中

PICK UP PLAYER FILE NO.1

FW 9

KAITO MORI

森 海渡

利き足の右足から放つ強烈なミドルシュートを武器に、観衆の記憶に残るゴールを次々と生み出した。奪った得点はJ2ランキング日本人トップの13で、全体では4位。このうち10点を右足で記録した。37試合に出場して放ったシュートは45本。決定率は2割8分9厘と、10点以上を記録した選手の中で2位の高率を残した。

今季J1柏から期限付き移籍で加入した。「J2で無双する」との目標を掲げて練習と体づくりに励み、開幕戦で先発出場を果たした。しかし、序盤戦はなかなか結果を残せず、苦しんだ。

転機となったのは第12節（4月29日）磐田戦。柿谷曜一朗と2トップを組んだ2戦目で開始早々CKから今季初ゴールとなる先制点を奪い、チームの初勝利も引き寄せた。第14節（5月7日）大宮戦では目の覚めるようなミドルシュートを2発決めて、一躍その名を知らしめた。柿谷とのコンビネーションは試合を重ねるごとに良くなり、5月には6ゴールを挙げ、リーグ月間最優秀選手に選ばれた。

「チームを勝たせるゴールを奪いたい」と常々語っていた通り、得点した10試合は5勝5分けと無敗。ただ、結果には満足しておらず「右足で得点できる手応えはつかんだけど、左足でのシュートやクロス対応、ポストプレーなどFWとしての引き出しはまだまだ必要だ。トレーニングで伸ばしていきたい」と向上心をのぞかせる。

第5節　3/19(日)
いわきグリーンフィールド　AWAY

●徳島　**0－1**　いわき○

この試合後の順位　**22位**／22

プレスに苦しみ、最下位転落

後半、相手に体を寄せる柿谷（福島民友新聞社提供）

　Ｊ２ホーム初勝利を挙げたいわきの選手が歓喜の抱擁をかわすのとは対照的に、無得点で２連敗の徳島イレブンは黙ってうなだれた。開幕から５試合を終えても勝ち星はなく、ついに最下位に転落。まだ序盤とはいえ、苦しい状況に業を煮やした一部のサポーターからは厳しい言葉が飛んだ。

　肉体を鍛え、運動量で圧倒するいわきのプレスは激しく、徳島の生命線である後方からの組み立てが阻害された。「最初は押し込めていたけど、時間と共に前に運べなくなった。どういう立ち位置で状況に応じてプレーすべきか、チーム全体で考えないといけない」とＭＦ櫻井。ガツガツと来る相手のかわし方やつなぎ方だけでなく、カウンターやセットプレーへの対策が不十分な点も改めて浮き彫りとなった。

　いわきの攻勢が強くなった後半、気を吐いたのは、けがで２試合連続欠場となったスアレスに代わってピッチに立ったＧＫ田中だった。サイドと中央から自在に攻め込んでくる相手が放ったシュートは計２２本。これらに鋭く反応して好セーブを連発し、最少失点で切り抜けた。ただ、試合後は「一人一人が球際の部分で気持ちを見せないとだめだし、それを（仲間に）伝えられなかった自分に責任がある」と反省ばかりを口にした。

　攻守にタレントがそろい、開幕前から多くのファン、サポーターに期待された今季。最下位を悲観する段階ではないが、ラバイン監督は「結果をより意識して取り組まなければならない」と語る。この試合も９０分間、前へ後ろへ走り抜いたＦＷ柿谷は「結果が出せてないので色々な声が出てくると思う。それでも自分たちは勝つためにしっかりと準備していくだけ。こういう時だからこそ顔を上げたい」と話した。

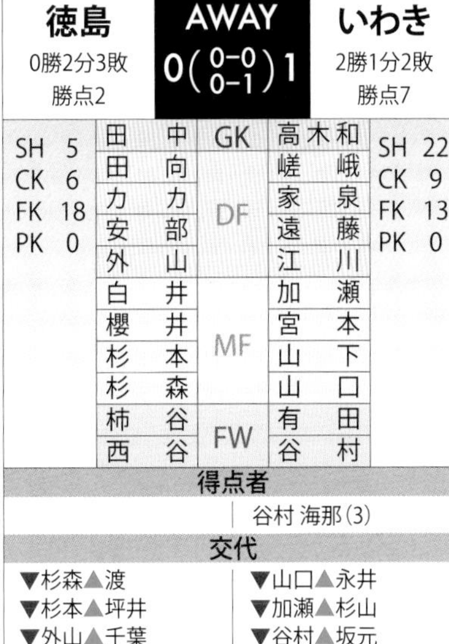

5節　3月19日(日)　14:00 KO
いわきグリーンフィールド(3,100人)

徳島	AWAY	いわき
0勝2分3敗 勝点2	0(0-0 / 0-1)1	2勝1分2敗 勝点7

	徳島		いわき	
SH 5	田中	GK	高木和	SH 22
CK 6	田向	DF	嵯峨	CK 9
FK 18	カカ	DF	家泉	FK 13
PK 0	安部	DF	遠藤	PK 0
	外山	DF	江川	
	白井	MF	加瀬	
	櫻井	MF	宮本	
	杉本	MF	山下	
	杉森	MF	山口	
	柿谷	FW	有田	
	西谷	FW	谷村	

得点者

徳島	いわき
	谷村 海那(3)

交代

徳島	いわき
▼杉森▲渡	▼山口▲永井
▼杉本▲坪井	▼加瀬▲杉山
▼外山▲千葉	▼谷村▲坂元
▼櫻井▲浜下	
▼田向▲内田	

第6節　3/25(土)
鳴門ポカリスエットスタジアム
HOME

▲徳島 0－0 秋田▲

この試合後の順位 22位／22

見せ場なく3試合無得点

後半、相手と激しく競り合うカカ

前半、相手と激しく競り合う内田

明確な決定機をつくることができないまま時間が過ぎた。終わってみれば３試合連続の無得点。今季５試合で１失点しかしていない秋田の守りが堅かったとはいえ、開幕６戦白星なしという不名誉な結果となった。

前節のいわき戦同様、徳島の生命線である後方からの組み立てがうまくいかなかった。秋田は前線のプレスが激しく、後方は２列の堅固なブロックを形成。テンポ良くパスを回してスペースを生み出したかったが、統制の取れた守備網を破れず、ボールを中盤から前へ運べなかった。「立ち位置で優位性をつくれなかった」と今季初先発のＭＦ山下。前半は相手ゴール前に迫るシーンはほとんどなかった。

後半はＤＦカカがオーバーラップし、途中出場のＤＦエウシーニョが前線でボールを収めることで攻撃に勢いが戻った。左クロスをＭＦ児玉が落とした球にＤＦ内田が右足を合わせる好機もあったが、シュートは枠外へ。内田は「相手が困っている感覚がなかった」と迫力不足を省みた。

カウンターに活路を見いだし、愚直なまでに走る秋田に対し、高いボール保持率を得点に結び付けられない徳島。攻撃面の課題解決には至らず、初勝利は持ち越しとなった中、今季初めて無失点で試合を終えたのは収穫の一つだ。好セーブを連発し、チームを救ったＧＫ田中は「失点ゼロは大事なこと。だがとにかく勝ちたい。今はそこに尽きる」と語気を強めた。

いったん記者会見を終えたラバイン監督がサポーターへのメッセージを付け加えた。「難しい状況の中でも声援をいただき、ありがとうございます。皆さんに必ず勝利を届けたい」。まなざしには並々ならぬ決意が込められているようだった。

6節　3月25日（土）　14:00 KO

鳴門ポカリスエットスタジアム（4,582人）

徳島	HOME	秋田
0勝3分3敗 勝点3	0（0−0 0−0）0	3勝3分0敗 勝点12

	徳島		秋田	
SH 4	田　中	GK	圍	SH 8
CK 4	カ　カ	DF	飯　尾	CK 5
FK 16	内　田	DF	阿　部	FK 8
PK 0	安　部	DF	河　野	PK 0
	白　井	MF	高　田	
	山　下	MF	中　村	
	杉　森	MF	藤　山	
	浜　下	MF	諸　岡	
	西　谷	MF	水　谷	
	坪　井	FW	丹　羽	
	渡	FW	青　木	

得点者

交代

徳島	秋田
▼安部▲田向	▼中村▲小暮
▼浜下▲エウシーニョ	▼丹羽▲梶谷
▼山下▲児玉	▼諸岡▲井上
▼渡▲千葉	▼青木▲畑
▼杉森▲西野	

第7節　4/2(日)
えがお健康スタジアム　AWAY

▲徳島　1－1　熊本▲

この試合後の順位　22位／22

好機創出も痛恨のドロー

後半、同点ゴールを決めハイタッチする児玉（熊本日日新聞社提供）

　プレスをはがし、空いたスペースをうまく使って前進に成功。前半開始早々から何度も決定機をつくった。課題だった攻撃面に光明が差す試合内容だったが、勝ち越しゴールまでは奪えず痛恨の７戦連続未勝利。最下位２２位のまま、早くも全日程の６分の１が過ぎてしまった。

　前半３分にはＭＦ児玉のシュートの軌道をＦＷ渡が変え、ボールはわずかに枠外へ外れたものの、序盤から得点への期待が膨らんだ。長短のパスを織り交ぜながら守備陣の裏を突いて相手ゴール前に迫る。後半９分にパスカットされて先制点を献上し、嫌なムードが漂った後も攻めの姿勢は忘れなかった。

　リードを許してわずか２分後。右サイドを突破した渡のクロスは一度は相手ＤＦに阻まれた。しかし、粘り強くこぼれ球を拾って折り返すと、ゴール前に詰めていた児玉へ渡った。「最初は右へ蹴ろうとしたけど、ＤＦがいたので瞬時に切り替えて左に打った」と振り返る通り、冷静に同点ゴールを決めた。流れに乗って逆転と行きたかったのはやまやまだが、相手の攻勢も強まり、一進一退の攻防が続いてタイムアップ。初白星はまたもお預けとなった。

　「勝てない試合が続き責任を感じている」。試合後、同点劇の立役者となった渡は唇をかんだ。チームは開幕前には誰も予想できなかった最下位に甘んじ、抜け出せないでいる。明確な決定機をつくれなかった前節、前々節に比べると成長した部分があるとはいえ、先制点はまだなく、相手ゴール前での連係や崩し方に修正が必要だ。ラバイン監督は「全試合勝ちたいと思って臨んでいるだけに悔しい。次はまず先制し、勝ちを拾いたい」と語った。

7節　4月2日（日）　13:00 KO				
えがお健康スタジアム（4,166人）				
徳島 0勝4分3敗 勝点4		AWAY 1（0−0 1−1）1		熊本 0勝0分0敗 勝点0
SH 6	田中	GK	田代	SH 9
CK 2	エウシーニョ	DF	黒木	CK 7
FK 13	内田	DF	江崎	FK 13
PK 0	森昂	DF	相沢	PK 0
	田向	DF / MF	三島	
	白井	MF	上村	
	児玉	MF	平川	
	杉森	MF	竹本	
	西谷	MF	粟飯原	
	坪井	MF / FW	石川	
	渡	FW	松岡	

得点者

徳島	熊本
児玉 駿斗（1）	平川 怜（2）

交代

徳島	熊本
▼坪井▲杉本	▼三島▲藤田
▼西谷▲柿谷	▼竹本▲田辺
▼エウシーニョ▲浜下	▼石川▲道脇
▼渡▲千葉	
▼児玉▲玄理吾	

AWAY

第8節　4/8(土)
フクダ電子アリーナ

▲徳島 **2－2** 千葉▲

この試合後の順位 **22位**／22

先制もドロー、柿谷お待たせ同点弾

後半、同点ゴールを決めた柿谷（千葉日報社提供）

開幕から８試合白星なし。同じく未勝利だった清水が勝ち点３を挙げ、２２チーム中、勝利がないのは徳島だけになってしまった。１２年ぶりに復帰したＦＷ柿谷が値千金の同点ゴールを決めて黒星は免れたものの、最下位から脱却できず、柿谷は「応援してくれる方も苦しいと思うけど、必死で食らいついていきたい」と悔しさをにじませた。

今季初めて先手を取った。前半１２分、ＦＷ坪井からのパスをＭＦ西谷が左サイドで受けると、鋭いカットインから豪快なミドルをたたき込んだ。早い時間帯の先制点にチームの士気は高まったが、食い下がる千葉に短いパスでの連係やロングボールで守備陣の裏を狙われた。３６分に追い付かれると、後半７分には逆転を許した。

「追い付くぞ」。強い気持ちで後半２７分からピッチに立ったのは柿谷。７分後の３４分に西谷が左サイドを突破すると、すかさずゴール前に駆け上がり、低いクロスを左足で巧みに合わせ同点弾を決めた。負ければさらに上位に引き離される状況で、勝ち点１をもぎ取る立役者となった。

２１位に沈んではいるものの、前節までリーグ２位のシュート数９０本を誇る千葉にこの日も２１本を打たれた。一方、徳島のシュートは９本。引き分けに持ち込めたのは、鋭いセービングで２点に抑えたＧＫ田中の功績が大きい。けがのスアレスに代わって５試合連続フル出場の若駒は「自信が深まっている。チームのために自分自身が成長していきたい」と語った。

今季初の先制点、複数得点も実らなかった。次のホーム水戸戦も勝てなければ、初めてＪ１に挑んだ２０１４年時の未勝利記録に並んでしまう。ラバイン監督は「前を向いて必ず勝つ」と自らを鼓舞した。

8節　4月8日（土）　14:00 KO

フクダ電子アリーナ（5,475人）

徳島 0勝5分3敗 勝点5		AWAY 2（1−1 1−1）2		千葉 1勝3分4敗 勝点6
SH 9	田中	GK	新井章	SH 21
CK 2	浜下	DF	鈴木大	CK 15
FK 12	内田	DF	新井一	FK 9
PK 0	カカ	DF	松田	PK 0
	田向	DF	田口	
	白井	MF	小林	
	児玉	MF	日高	
	杉森	MF	田中	
	西谷	MF	見木	
	坪井	FW	風間	
	渡	FW	小森	

得点者

徳島	千葉
西谷 和希（1）	小森 飛絢（5）
柿谷 曜一朗（1）	呉屋 大翔（1）

交代

徳島	千葉
▼児玉▲山下	▼小森▲呉屋
▼坪井▲杉本	▼田中▲末吉
▼田向▲外山	▼風間▲椿
▼杉森▲柿谷	▼田口▲高橋
▼浜下▲千葉	▼松田▲矢口

後半、ドリブル突破を図る玄

長く暗いトンネルはいつ終わるのか。ボールを支配し、好機をつくりながら今季４度目のノーゴール。逆に少ないチャンスを水戸にものにされて４敗目。開幕から９戦未勝利となり、Ｊ１に初めて挑んだ２０１４年時の最長記録に並んでしまった。ふがいない試合が続く現状にスタンドからは厳しい言葉が飛び、選手は力なく頭を下げた。

今季初めて２トップに柿谷と渡が並び立ち、得点への期待が高まった。前半はセンターバックの内田を起点に後方から丁寧につなぎ、相手の隙をうかがった。最前線の柿谷がボールを収めることで、最終ラインの押し上げにも成功。圧倒的にボールを支配し、２２分には右クロスから渡がオーバーヘッドキックでシュートを枠内に飛ばし、大きな歓声が上がった。

ただ、前半はシュート１本止まりだった水戸もハーフタイムに戦術を修正し、リスクを恐れずに攻め込んできた。人に強く来るようになったプレスのかわし方について、「最終ラインと中盤のコミュニケーションが足りていなかった」と内田。後半に放たれたシュートは３本ながら効率よく２点を奪われ、決定力の高さを見せ付けられた。

徳島もＭＦ西谷を軸に後半だけで９本のシュートを浴びせたものの得点には至らず。ビハインドを背負ってから火が付いた感は否めず、試合を通して前への推進力がもっと欲しかった。

結果が伴わない状況でもチームはぶれずに負荷の高い練習に取り組み続けている。戦術の要である組み立てのバリエーションも増え、敵陣エリア内までは運べる回数が増えた。とはいえ、ここまで勝てず、最下位から抜け出せないとは。柿谷は「誰一人として手を抜いていない。勝利のためには日々ハードワークを続け、一丸となってプレーするしかない。応援してくれる方は信じて待っていてほしい」と呼び掛けた。

決定力欠き、4敗目

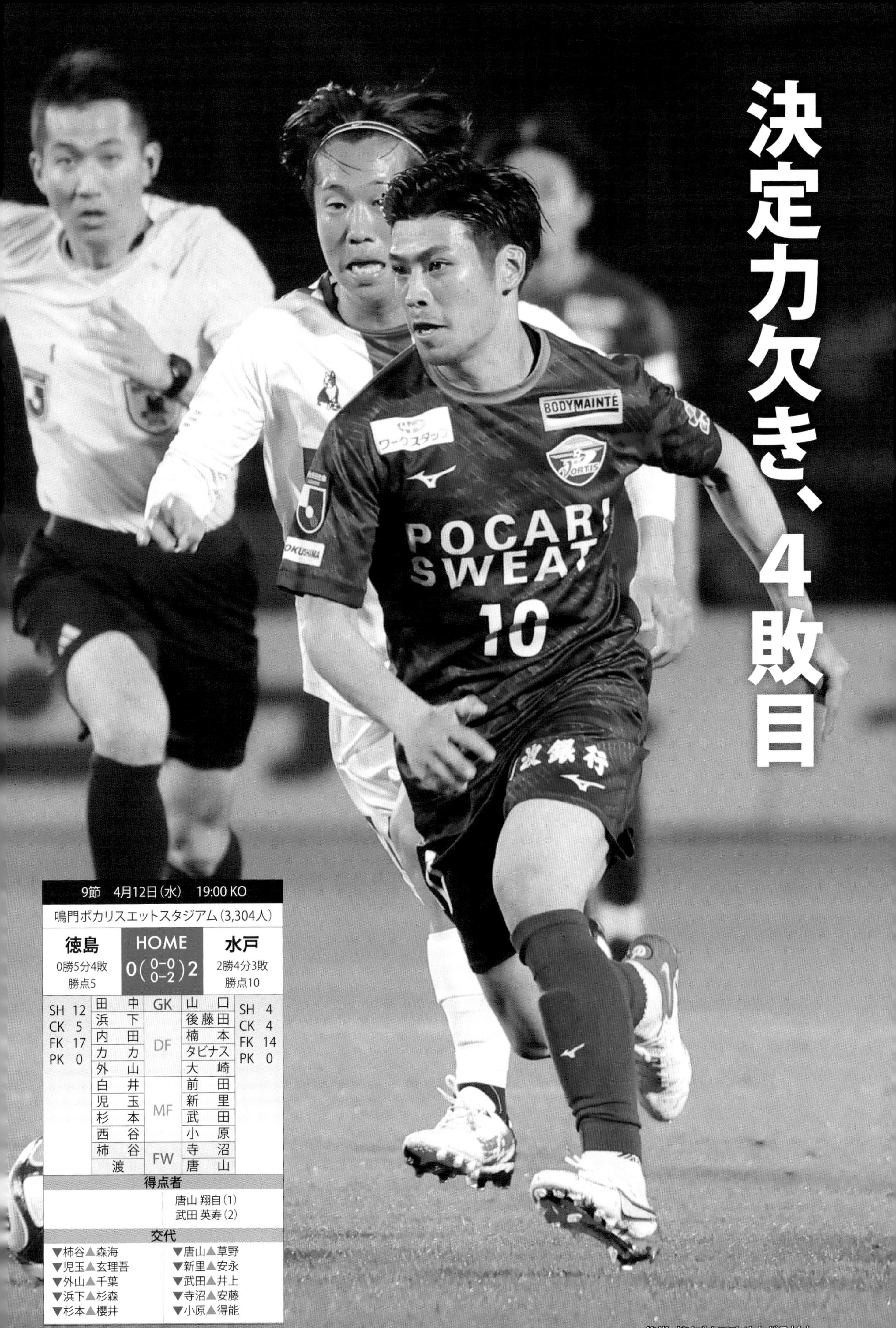

9節　4月12日(水)　19:00 KO				
鳴門ポカリスエットスタジアム(3,304人)				
徳島 0勝5分4敗 勝点5		HOME 0(0-0 / 0-2)2		水戸 2勝4分3敗 勝点10
SH 12 CK 5 FK 17 PK 0	田中	GK	山口	SH 4 CK 4 FK 14 PK 0
	浜下	DF	後藤田	
	内田	DF	楠本	
	カカ	DF	タビナス	
	外山	DF	大崎	
	白井	MF	前田	
	児玉	MF	新里	
	杉本	MF	武田	
	西谷	MF	小原	
	柿谷	FW	寺沼	
	渡	FW	唐山	

得点者	
	唐山 翔自(1) 武田 英寿(2)

交代	
▼柿谷▲森海	▼唐山▲草野
▼児玉▲玄理吾	▼新里▲安永
▼外山▲千葉	▼武田▲井上
▼浜下▲杉森	▼寺沼▲安藤
▼杉本▲櫻井	▼小原▲得能

後半、ドリブルで攻め上がる杉本

第10節　4/16(日) HOME
鳴門ポカリスエットスタジアム

●徳島 **0 － 4** 長崎○

この試合後の順位 **22位**／22

開幕から１０戦未勝利という不名誉なクラブ新記録に達し、サポーターの怒りが爆発した。試合中からブーイングが湧き起こり、終了後には約２００人がスタンドに居残ってフロント陣に説明を要求。岸田一宏社長らが出向いてひとまず留飲は下がったようだが、ここから先は白星を積み上げないとＪ３降格が現実味を帯びてくる状況となった。

重戦車のように突進してくる長崎の大型ＦＷフアンマを止めることに腐心するあまり、サイドが手薄になった。前半２６分、縦パス１本で左サイドの裏を取られ、中央へのクロスに飛び込んできたフアンマに先制点を決められた。１度しか先制できていない今季。前半終了の笛が鳴った時点でサポーターはブーイングで不満をあらわにした。

後半はピッチとスタンドの不協和音がさらに広がった。ボールを後方へ下げるとやじが飛ぶ。パスミスが相次ぐ負の連鎖もあり、集中が切れたかのように４失点した終了間際にはブーイングの音量も増した。ＤＦ内田は「申し訳ない気持ちだった」と振り返った。

かつてない試練に直面している。ゴール前の枚数やスピードが足りず、高いボール保持率が得点に結び付かない。さらにはプレスに行く前線と後ろの連係が不十分で守備もばらばらな印象を受ける。何より結果を出せず選手は自信を失いかけている。内田は「もはや戦術やシステムの問題ではない」とし「いろんな状況に対応するため、今後は意思疎通の部分が大事になってくる」と語る。

下位に停滞していた他チームも勝ち点を徐々に積み上げ、徳島が次戦勝ってもまだＪ３降格圏から抜け出せない。岸田社長はサポーターに対し、監督の進退について明言を避けた。このままで軌道修正できるのか、傷口はさらに広がるのか。いずれにしても次の試合はすぐに来る。７試合ぶりにけがから復帰したＧＫスアレスは「結果を出せず言葉が見つからない。それでもサポーターのために戦い続ける」と話した。

10節　4月16日(日)　14:00 KO

鳴門ポカリスエットスタジアム(4,892人)

	徳島 0勝5分5敗 勝点5	HOME 0(0-1 / 0-3)4	長崎 5勝2分3敗 勝点17	
SH 9 CK 3 FK 17 PK 0	スアレス	GK	波多野	SH 9 CK 5 FK 11 PK 0
	浜下	DF	増山	
	内田	DF	ヴァウド	
	カカ	DF	櫛引	
	外山	DF	米田	
	白井	MF	笠柳	
	玄理吾	MF	鍬先	
	杉本	MF	カイオセザール	
	西谷	MF	クレイソン	
	柿谷	FW	加藤大	
	森海	FW	フアンマ	

得点者

徳島	長崎
	フアンマデルガド(5) 櫛引 一紀2(2) 宮城 天(3)

交代

徳島	長崎
▼柿谷▲杉森 ▼浜下▲ケサダ ▼玄理吾▲千葉 ▼白井▲櫻井	▼加藤大▲宮城 ▼笠柳▲安部 ▼バウド▲白井 ▼クレイソン▲加藤聖 ▼フアンマ▲都倉

クラブワーストの開幕10戦未勝利

4失点で大敗し、厳しい表情を見せる選手たち

第11節 4/23(日)
正田醤油スタジアム群馬

▲徳島 0 − 0 群馬▲

この試合後の順位 22位／22

新戦術に光明、連敗止める

後半、必死の守りを見せるカカ（上毛新聞社提供）

代名詞のボール保持にこだわらず、とにかく前を目指した戦術転換に「何が何でも勝つ」という姿勢が見えた。

今季初めて採用した３―５―２システムが奏功した。厚みのある中盤がこぼれ球を回収して波状攻撃を仕掛け、守備時は両ウイングバックが素早く帰陣して５人でゴール前を固める。最終ラインをハーフウエーライン近くまで上げ、陣形をコンパクトに保つことで選手間の距離が近くなった。

出し所なく横や後ろにつないでいたこれまでとは違い、一人一人の縦への意識が強い。大敗した１６日の前節・長崎戦後に取り組み始めた戦い方で何度も決定機をつくった。「短い準備期間でも頭を整理しながら戦えた」と玄理吾は語る。

放ったシュート１３本は今季最多。前半６分に外山のＦＫの折り返しがクロスバーに当たり、こぼれ球を森海、柿谷が押し込み切れなかったのをはじめ、数あるチャンスをものにできなかった。

「勝ちたいという思いが全員の原動力になった」と振り返った柿谷はチーム最多のシュート４本を放ち、最後の最後で決められたかに見えた相手のシュートをゴールからかき出す執念を見せた。それでも望んだ結果を得られず、開幕からの未勝利試合は１１に増えた。

次戦は磐田、その次は清水とＪ１降格組との連戦が待つ。Ｊ２の開幕からの連続未勝利記録は鳥栖（２００１年）と讃岐（１４年）の１４試合。これに達するようではＪ３降格がますます現実味を帯びる。

ひとまず連敗を止め、内容に前進のあった今節をターニングポイントにできるか。長崎戦の後は厳しい言葉を投げ掛けたサポーターも今節は拍手を送った。その思いに応えたい。

11節 4月23日(日) 14:00 KO
正田醤油スタジアム群馬(2,949人)

徳島	AWAY	群馬
0勝6分5敗 勝点6	0(0−0 0−0)0	5勝3分3敗 勝点18

	徳島		群馬	
SH 13	スアレス	GK	櫛引	SH 8
CK 5	外山	DF	酒井	CK 5
FK 14	内田	DF	畑尾	FK 12
PK 0	カカ	DF	岡本	PK 0
	安部	MF	天笠	
	白井	MF	風間	
	玄理吾	MF	中塩	
	杉本	MF	山中	
	西谷	MF	佐藤	
	柿谷	FW	長倉	
	森海	FW	川本	

得点者

交代

徳島	群馬
▼森海▲渡	▼天笠▲内田
▼玄理吾▲児玉	▼佐藤▲北川
▼内田▲櫻井	▼山中▲白石
▼外山▲ケサダ	▼川本▲平松
▼杉本▲千葉	

第12節　4/29(土・祝)
ヤマハスタジアム
AWAY

○徳島 3－2 磐田●

この試合後の順位 22位／22

待望の今季初勝利、柿谷殊勲の2点

前半、先制ゴールを決め喜ぶ森海(静岡新聞社提供)

前半、柿谷がゴールを決め2－0とする（静岡新聞社提供）

試合終了の笛が鳴ると選手はラバイン監督を囲み、抱き合って喜びを分かち合った。１２戦目にしてつかんだ初勝利。つらく険しい道のりを経て味わう歓喜に、選手、サポーターの顔には笑みと涙が入り交じった。

前半に２点を先行しながら後半は防戦一方だった。８分に１点を返され、水色に染まった磐田スタンドの声援が一層大きくなる。追い付かれてしまうのか。また勝てないのか。中央、サイドから攻め込まれ、ＣＫを与えるたびに肝を冷やした。

嫌なムードを断ち切ったのは、やはり経験豊かな柿谷だった。「何とか耐えよう」。失点後、焦りの表情が見える仲間にすかさず声を掛けた。

１５分、森海、玄理吾が右サイドで連係よくプレスをかけてパスミスを誘うと、ボールはゴール前の柿谷の元へ。放ったシュートは相手の足に当たってゴールに吸い込まれた。「練習でハードワークを続け、全員が体を張ってプレーしてくれた結果」と柿谷。終了間際に１点差に詰め寄られても集中力を切らさず、シュート１４本、ＣＫ１６本の猛攻をはね返した。

前節から３―５―２システムを採用して中盤に厚みが増し、攻めては貪欲に前を狙った。前半開始早々、徳島初ゴールとなる先制点をたたき出した森海は「ここまで苦しかったが、ぶれずにやれれば俺たちならできると思っていた」。タレントぞろいの磐田から奪った３点はチームの自信となったに違いない。

パスで崩し切ることにこだわらず、５バックで守備を固め、奪うと素早く飛び出していくスタイルにかじを切って待望の初勝利を挙げた。勝つためにチームは変わろうとしている。「やっとスタートラインに立てた」と柿谷が言うように、この１勝をターニングポイントにしたい。中３日で強敵・清水戦。次はホーム初勝利だ。

12節　4月29日（土・祝）　14:00 KO

ヤマハスタジアム（9,280人）

徳島		AWAY		磐田
1勝6分5敗 勝点9		3（2−0 / 1−2）2		4勝4分4敗 勝点16
SH 4	スアレス	GK	梶　川	SH 14
CK 6	ケサダ	DF	鈴木雄	CK 16
FK 18	森　昂	DF	鈴木海	FK 16
PK 0	石　尾	DF	中　川	PK 0
	安　部	DF	松　原	
	白　井	MF	上　原	
	玄理吾	MF	遠　藤	
	杉　本	MF	金　子	
	西　谷	MF	山　田	
	柿　谷	FW	ドゥドゥ	
	森　海	FW	藤　川	

得点者

徳島	磐田
森 海渡（1）	松原 后（3）
柿谷 曜一朗2（3）	松本 昌也（4）

交代

徳島	磐田
▼ケサダ▲外山	▼遠藤▲山本
▼森海▲渡	▼藤川▲後藤
▼杉本▲櫻井	▼上原▲古川
▼玄理吾▲中野	▼金子▲松本
▼柿谷▲坪井	▼ドゥドゥ▲鹿沼

前半、安部が先制ゴールを決める

試合が動いたのは前半４０分。柿谷の正確なＦＫに反応した安部が左ももでうまくトラップし、素早く右足を伸ばす。つま先に当てたボールは、ワールドカップ・カタール大会日本代表ＧＫ権田の脇をかすめてゴール右隅に転がり込んだ。

強敵・清水を相手に欲しかった先制点。歴代３位の約１万３０００人が訪れたスタジアムに大歓声が響いた。安部は「（蹴る直前に）曜一朗君に声を出したら良いボールを上げてくれた。スタンドもすごくいい雰囲気だった」と徳島での公式戦初ゴールを振り返った。

ただ、前節までシュート数１位、得点数３位で３連勝中の清水は、シュート０本に封じられて折り返した後半、温存していた元日本代表の乾、１８４センチ、８０キロの点取り屋、チアゴ・サンタナらを次々と投入してきた。あちこちに顔を出す乾は捕まえにくく、サイド、中央から押し込まれ、ラインを下げてしまった。

「体格で負けるのは分かっていたので、タイミング良く足を出して対応した」と言うのは初めてウイングバック起用された徳島市出身の西野。防戦を強いられる中、何とか耐えしのいでいたが、ロスタイム３分に追い付かれ、手にしかけた勝ち点３がするりと逃げていった。

前節、清水と同じＪ１降格組の磐田から今季初白星を奪った勢いに乗ってホーム初勝利を狙った今節。ゴール裏を中心にスタンドを青で染めたサポーターの望む結果は得られなかったものの、流れの中からは失点せず、５バックの守備が安定してきた印象だ。

次節のアウェー大宮戦に勝てば、最下位とＪ３降格圏から一気に抜け出せる可能性が高まった。凱旋を待つサポーターに２勝目を届け、着実に前進していきたい。

13節　5月3日（水・祝）　14:00 KO

鳴門ポカリスエットスタジアム（13,199人）

徳島	HOME	清水
1勝7分5敗 勝点10	1（1−0 / 0−1）1	4勝7分2敗 勝点19

	徳島		清水	
SH 3	スアレス	GK	権田	SH 8
CK 3	森昂	DF	岸本	CK 4
FK 18	石尾		井林	FK 13
PK 0	安部		鈴木	PK 0
	白井		吉田	
	西野	MF	ホナウド	
	玄理吾		ヘナトアウグスト	
	杉本		ディサロ	
	西谷		神谷	
	柿谷	FW	呉世勲	
	森海		北川	

得点者

徳島	清水
安部 崇士（1）	鈴木 義宜（1）

交代

徳島	清水
▼森海▲棚橋	▼ヘナトアウグスト▲宮本
▼杉本▲櫻井	▼呉世勲▲チアゴサンタナ
▼玄理吾▲坪井	▼北川▲乾
▼柿谷▲渡	▼ディサロ▲中山
	▼岸本▲西澤

PICK UP PLAYER FILE NO.2

FW 39

TAIYO NISHINO

西野 太陽

勝負の年と位置付けたプロ3年目。スピードと豊富な運動量を生かし、本職のFWとは異なるウイングバック(WB)やサイドバック(SB)で出場機会を勝ち取った。リーグ戦出場は昨季の5試合から32試合に増やし、今季飛躍した選手の一人となった。

前線で起用された開幕戦、第2節と立て続けに得点し、ストライカーとしての存在感を示した。ただ、第6節秋田戦を最後に出番を失うと、復帰戦となった第13節清水戦でラバイン前監督から告げられたのはまさかのWB起用。経験のないポジションに戸惑いはあったが「相手との距離の測り方や突破の仕方、クロスの精度など、試合を重ねるごとに上達していく実感があった」と順応力の高さを見せた。

ラバイン前監督最後の指揮となった第31節山口戦では1得点1アシストの活躍で低迷していたチームに11試合ぶりの勝利をもたらした。吉田監督に代わってからはさらに守備の比重が高いSBをこなし、プレーの幅を広げた。

1年を通して試合に出続けたことには納得の表情を浮かべるものの「課題はたくさんある。来季はもっと自分らしさを出していきたい」。より攻撃的に、一つでも多くゴールに絡めるように。地元出身の21歳は「今年は子どもたちから名前を呼んでもらえる機会がめちゃくちゃ増えてうれしかった。夢や目標を与えられる選手になれるよう成長し続けたい」とレベルアップを誓う。

第14節　5/7(日)
NACK5スタジアム大宮
AWAY

○徳島 3－1 大宮●

この試合後の順位 20位／22

2トップ躍動、3発快勝

期待の大型ストライカーが覚醒した。２得点１アシストの活躍で徳島の２勝目の原動力となった森海。「結果を出せず悩むこともあった。それでも俺たちならやれるという自信は持っていた」。自らのプレーでチームが９試合ぶりに最下位とＪ３降格圏から脱し、試合後は笑顔をのぞかせた。

「自分が裏を狙うことで柿谷さんの周りにスペースができ、そこを起点に攻撃できた」と振り返る通り、積極的に守備陣の背後へ走り込んだ。柿谷の先制点をアシストした前半１２分も白井のスルーパスに抜群の反応を見せ、持ち味のスピードで相手ＤＦを振り切った。

この日の森海はこれで終わらない。１８５センチの長身を生かして前線のターゲットになると、２１分には安部のロングパス、後半３１分にはスアレスのフィードをうまくさばいて好機につなげた。いずれも最後は豪快に右足を振り抜いてネットを揺らし、５連敗中の大宮から士気と自信を奪った。勝負を決める３点目をアシストした柿谷は「（森海の）スピードとパワーのレベルの高さはチーム全体が理解している。僕自身も負けない気持ちでやっていきたい」とたたえた。

Ｊ１柏から加入した森海はキャンプから高いシュート技術を見せ、２桁得点を目標に掲げながらも、開幕後はゴールが遠かった。もどかしさを味わってきたが、前々節の磐田戦でようやく初ゴールが生まれ、チームの初勝利に貢献。柿谷との２トップにも手応えを感じており「お互いに点を取り合っていきたい」と語る。

攻守のめりはりを際立たせた戦術に切り替え、今季初の４戦連続負けなし。開幕１１戦で６しかなかった得点も、２トップの活躍で直近３試合だけで計７点を奪い、得点力不足解消のめどは立ちつつある。依然下位ではあるが、まだ全日程の３分の２が残る。いざ、反撃だ。

14節　5月7日(日)　14:00 KO

NACK5スタジアム大宮(4,288人)

徳島 2勝7分5敗 勝点13	AWAY 3(2−0 / 1−1)1	大宮 4勝0分10敗 勝点12

	徳島		大宮	
SH 15	スアレス	GK	笠原	SH 8
CK 7	森昂	DF	岡庭	CK 5
FK 13	石尾	DF	浦上	FK 10
PK 0	安部	DF	袴田	PK 0
	白井	MF / DF	茂木	
	西野	MF	石川	
	玄理吾	MF	小島	
	杉本	MF	柴山	
	西谷	MF	山崎	
	柿谷	FW	アンジェロッティ	
	森海	FW	室井	

得点者

徳島	大宮
柿谷 曜一朗(4) 森 海渡2(3)	泉澤 仁(1)

交代

徳島	大宮
▼玄理吾▲坪井	▼岡庭▲貫
▼森海▲渡	▼柴山▲泉澤
▼杉本▲長谷川雄	▼石川▲大山
▼西野▲外山	▼アンジェロッティ▲富山

前半、森海が豪快に右足を振りぬき２－０とする

第15節 5/13(土) AWAY
維新みらいふスタジアム

▲徳島 **2－2** 山口▲

この試合後の順位 **19位**／22

前半、先制ゴールを決めポーズを見せる森海

1点を返された直後に退場者を出しながらも、一丸となってはね返し続けた。勝利への執念をにじませ、球際に気持ちを込めて戦った徳島だったが、終了間際に痛恨の失点。今季初の連勝を逃した選手たちは試合後、ぼうぜんと天を仰ぎ、落胆の表情をのぞかせた。

ボールを握りながら前進してくる山口は厄介だった。それでも好調の2トップ・森海と柿谷が前半にそれぞれ得点。2—0で折り返し、連勝への期待が膨らんだ。

しかし、7戦未勝利で監督が交代したばかりの山口は後半、高さのある攻撃的な選手を次々と投入してきた。16分に1点を返されると、守備の要とも言えるMF杉本がわずか1分後に2枚目のイエローカードで退場。嫌なムードが漂った。

雨脚が強まり、もともと水が浮いていたピッチの状態はさらに悪化。自陣のあちこちに水たまりができて細かくつなげず、守備の選択肢はクリアに限られた。ただ、数的不利となった中盤を埋めようと柿谷が下がって前線が手薄になったことで、ボールはことごとく相手に奪われる。「厳しい展開だった。裏を取られないよう心掛けた」とDF森昂。全員が集中を切らさず、足で、頭で、時には体を投げ出して猛攻をしのいだが、最後に相手の気迫が上回った。

勝ち点3を奪えていたらJ3降格争いから一歩抜け出せた。殊勲の先制点を奪った森海は「結果が全て。チームを勝たすことができず悔しい」と無念さを口にした。

悪天候やアクシデントはサッカーには付き物で、それらをはね返す力が求められる。森昂は「今回の結果を勝利につなげる糧にする」。5戦負けなしで暫定順位は一つ上がって19位。上昇への歩みは止まっていない。次は中3日で金沢戦。ホーム初勝利で悔しさを晴らしたい。

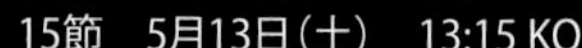

15節　5月13日(土)　13:15 KO

維新みらいふスタジアム(3,775人)

徳島	AWAY	山口
2勝8分5敗 勝点14	2 (2−0 / 0−2) 2	3勝6分6敗 勝点15

	徳島		山口	
SH 5	スアレス	GK	寺門	SH 13
CK 4	森昂	DF	高橋	CK 4
FK 15	石尾	DF	前	FK 13
PK 0	安部	DF	ヘナン	PK 0
	白井	MF	吉岡	
	西野	MF	神垣	
	玄理吾	MF	矢島	
	杉本	MF	石川	
	西谷	MF / FW	五十嵐	
	柿谷	FW	池上	
	森海	FW	河野	

得点者

徳島	山口
森 海渡(4)	池上 丈二(2)
柿谷 曜一朗(5)	ヘナン(1)

交代

徳島	山口
▼玄理吾▲長谷川雄	▼五十嵐▲梅木
▼西谷▲坪井	▼河野▲皆川
▼森海▲渡	▼石川▲高木
■杉本	▼吉岡▲田中
	▼池上▲生駒

後半2失点、無念のドロー

前半、ゴールを決めた柿谷に駆け寄る選手

第16節　5/17（水）
鳴門ポカリスエットスタジアム
HOME

○徳島　2 − 0　金沢●

この試合後の順位　16位／22

森海2発、ホーム初白星

覚醒したストライカーの勢いが止まらない。森海の３戦連続となるゴールで今季８戦目にしてホーム初勝利をつかんだ徳島。放ったシュート２本をいずれもきっちり決めきったヒーローは「狙い通りのプレーができた」と自信をみなぎらせた。

序盤は金沢の激しいプレスに苦しみ、最前線につなげなかった。１本のシュートも放てないまま迎えた前半４０分。児玉の縦パスに森海が抜け出すと左サイドから切れ込み、豪快なシュート。待望の先制点を挙げた。

特筆すべきは、シュート精度と足元の技術の高さ。「（フィニッシュ直前に）ボールを一歩分右へ運んでＤＦの股を開かせ、そこを狙ってニアに打ち込んだ」と森海。死角から飛んできた強烈なシュートに相手ＧＫは一歩も動けず、立ち尽くすしかなかった。後半２０分に西谷のシュートのこぼれ球を押し込んだ２点目については「ゴール前に飛び込み続けた結果。ＦＷとして一番うれしい得点」と笑顔を見せた。

前節１５節までの全２２失点のうち、後半に１９失点。１３節清水戦、１５節山口戦も後半に失点して勝ち点３を逃した。今節はその教訓を生かしてＧＫスアレスの好セーブをはじめ、全員が集中を保って体を寄せ続けた。ラインを統率したＤＦ石尾は「２点取った後、声を掛け合って全員を引き締めた」とリーダーらしい働きぶり。徳島の３倍近い１１本のシュートを打たれたが、はね返し続けて完封勝利を収めた。

劣勢の時間が長くともチャンスを確実にものにし、リードを勝利に結び付ける試合巧者ぶりが際立った。これで６戦負けなし（３勝３分け）。順位を三つ上げて１６位に浮上した。守備陣にけが人を抱えながらもチーム一丸となった戦いで結果を出し始めた。勝てない徳島から、負けない徳島へ。さらには常勝徳島へと変貌を遂げる。

16節　5月17日（水）　19:00 KO
鳴門ポカリスエットスタジアム（3,562人）

徳島		HOME		金沢
3勝8分5敗 勝点17		2（1−0 / 1−0）0		6勝1分9敗 勝点19
SH 4 CK 3 FK 15 PK 0	スアレス	GK	白井	SH 11 CK 8 FK 13 PK 0
	森昂	DF	小島	
	石尾	DF	庄司	
	安部	DF	井上	
	白井		長峰	
	西野	MF	藤村	
	玄理吾	MF	梶浦	
	児玉	MF	嶋田	
	西谷	MF	加藤	
	柿谷	FW	杉浦	
	森海	FW	林	

得点者

徳島	金沢
森 海渡2（6）	

交代

徳島	金沢
▼森海▲棚橋	▼嶋田▲小野原
▼児玉▲坪井	▼杉浦▲大谷
▼柿谷▲渡	▼林▲豊田
▼玄理吾▲長谷川雄	▼加藤▲毛利
	▼小島▲力安

後半、森海がこぼれ球を押し込み２－０とする

第17節　5/21（日）
藤枝総合運動公園サッカー場

AWAY

●徳島 0－3 藤枝○

この試合後の順位　17位／22

17節　5月21日（日）　14:00 KO				
藤枝総合運動公園サッカー場（2,353人）				
	徳島 3勝8分6敗 勝点17	AWAY 0（0－1 0－2）3	藤枝 7勝2分8敗 勝点23	
SH 6	スアレス	GK	上田	SH 10
CK 2	森昂	DF	小笠原	CK 8
FK 17	石尾	DF	川島	FK 11
PK 0	安部	DF	山原	PK 0
	白井	MF	平尾	
	西野	MF	横山	
	玄理吾	MF	久保	
	杉本	MF	岩渕	
	西谷	MF	徳永	
	柿谷	FW	榎本	
	森海	FW	アンデルソン	

得点者

徳島	藤枝
	榎本 啓吾（1） 岩渕 良太（2） 横山 暁之（3）

交代

徳島	藤枝
▼森海▲棚橋	▼岩渕▲矢村
▼玄理吾▲坪井	▼徳永▲新井
▼柿谷▲渡	▼アンデルソン▲久富
▼杉本▲児玉	▼横山▲金浦
▼西野▲櫻井	

迷いなく前進してくる藤枝と、躍動感の薄い徳島。運動量と積極性で下回れば、およそ勝利はおぼつかない。ラバイン監督は「前半からプレスにエネルギーを出せず、良くないゲームをしてしまった」と残念がった。

連戦の疲れからか、プレスが甘く、ボールの奪いどころが明確にならない。一方、４連敗中の藤枝はＪ２得点王のエース渡邉を出場停止で欠いたことでむしろ結束が強まったかのような、厚みのある攻めを繰り出してきた。

ボール保持率でも下回り、主導権を握られた徳島はサイドから押し込まれてさらに疲弊。前半３９分の１失点目は誰も寄せずにミドルシュートを打たれ、後半１３分の２失点目もペナルティーエリア内に飛び込んできた選手をフリーにした。

後半は棚橋や渡ら攻撃的な選手を投入し、チャンスもなくはなかった。ただ、リードすれば守備に傾くチームも多い中、藤枝は全員で守り、ボールを奪えば全力で徳島ゴールへ向かってきた。戦術うんぬんより、守りに入らない藤枝の気迫に負けた結果と言える。

「チームとしてやりたいことができなかった。セカンドボールを拾う場面などで全員が相手を上回る意識を持てていたら違う結果になっていた」。後半から出て懸命にボールをつないだ坪井は悔しさをにじませる。

戦術変更後、６戦続いた無敗記録は途絶え、１７位に後退。敗戦数はリーグ最少だった昨季の６試合に早くも並んでしまった。ここ５試合で計１０得点の森海、柿谷の２トップも合わせてシュート１本しか打てなかった。

次戦はいまだ複数失点のない首位独走中の町田をホームに迎える。連敗ともなれば、せっかく一歩抜け出たＪ３降格圏に再び近付いてしまう。徳島市出身の西野は「怖がらずボールを持ち、いつも通りの試合をしたい」と話した。

躍動感欠き 7戦ぶり黒星

後半、相手と激しく競り合う森昂（静岡新聞社提供）

第18節　5/28(日)
鳴門ポカリスエットスタジアム

HOME

○徳島 2－1 町田●

この試合後の順位　16位／22

首位撃破、今季初の逆転V

後半、勝ち越しゴールを決め、サポーターの元へ駆け出す柿谷

徳島が誇る２トップが「最強の盾」を打ち砕いた。複数失点がなく、リーグ最少失点で首位を快走中の町田から柿谷、森海がそれぞれゴール。自分たちが「最強の矛」であることを証明した。

組織的な守備、豊富な運動量、２トップの決定力。どれを取ってもリーグ屈指の町田に、ひるむことなく立ち向かった。後方から丁寧に組み立て、奪われても中盤がこぼれ球をしっかり回収し、ボールを支配した。「前節（藤枝戦）の敗戦から全員が顔を上げて準備してきた。首位相手でも自信を持ってプレーできた」と柿谷。後半１７分、町田に退場者が出ると、かぜん勢いを増した。

数的不利となり、より中央を堅く閉ざして守る町田を鮮やかなパスワークで崩したのが後半２９分。十数本のパスをつないで森海の同点弾を呼び込むと、３５分にもショートＣＫで相手守備にほころびをつくり、最後は柿谷が復帰後ホーム初となるゴールでスタンドを沸かせた。

森海は「ピッチ上で全員が『逆転できるよ』と声を掛け合った。こちらが劣っているという感覚は全くなかった。（同点弾を決めた場面も）スムーズに体が動いた」と振り返った。

初勝利した１２節磐田戦から７試合で計１２得点。得点ランキングベスト１０に２トップ２人が名を連ねるのは徳島だけだ。柿谷は「後ろの選手のハードワークと素晴らしいつなぎがあってこそ」と仲間の労をねぎらい、チーム一丸を強調した。

前節０―３の敗戦から一転、首位を相手に安定したビルドアップから後半だけで２得点。内容と結果を両立させ、今季初の逆転勝利を収めた。前節まで１０あったＪ１昇格プレーオフ圏内（６位）との勝ち点差を８に縮めた。次の相手もリーグ最少敗戦数（２）の難敵岡山だが、さらに膨らんだ自信を携え、今季初の連勝を狙う。

18節　5月28日（日）　14:00 KO

鳴門ポカリスエットスタジアム（5,884人）

徳島 4勝8分6敗 勝点20	HOME 2（0−1 2−0）1	町田 12勝3分3敗 勝点39

	徳島		町田	
SH 9	スアレス	GK	ポープウィリアム	SH 5
CK 4	森　昂	DF	奥　山	CK 3
FK 15	石　尾	DF	張敏圭	FK 11
PK 0	安　部	DF	藤　原	PK 0
	白　井	MF	翁　長	
	西　野	MF	平　河	
	玄理吾	MF	稲　葉	
	杉　本	MF	下　田	
	西　谷	MF	荒　木	
	柿　谷	FW	デューク	
	森　海	FW	エリキ	

得点者

徳島	町田
森 海渡（7）	エリキ（7）
柿谷 曜一朗（6）	

交代

徳島	町田
▼玄理吾▲中野	▼エリキ▲藤尾
▼森海▲棚橋	▼デューク▲沼田
	▼荒木▲深津
	▼奥山▲太田
	▼下田▲安井
	■平川

●徳島 0－2 岡山○

この試合後の順位 18位／22

プレスに苦戦、連勝逃す

前節、首位町田を撃破した勢いを結果に結び付けたかった。ただ、ここまでリーグ最少の２敗と攻守に隙のない岡山を攻略できず７敗目。期待を胸に駆け付けた１３００人の徳島サポーターに今季初の２連勝を届けることはかなわなかった。

「前の選手が頑張って守備をしてくる。やりづらかった」。西谷の出場停止に伴い、９試合ぶりに左ウイングバックで先発した浜下が語る通り、岡山は前半から２トップを中心に積極的にプレスをかけてきた。徳島も得意のパス回しでかわそうとしたが、その最中にボールを引っ掛けられて奪われた。サイドを起点に次々と繰り出される猛攻を耐え抜き、反撃のチャンスを虎視眈々（たんたん）とうかがった。

後半１２分には左サイドをドリブル突破した浜下の低いクロスを柿谷が左足で合わせたが、相手ＧＫのファインセーブに阻まれた。これで先制できていれば流れは変わっていたかもしれない。１点を奪うため、その後も前掛かりになった徳島は岡山のカウンターの餌食となってしまった。

「チーム間の実力差はあまりない」。シーズン序盤に柿谷が語っていたように、Ｊ１昇格プレーオフ圏（６位内）に入る争いは混とんとしてきた。徳島は勝っていれば６位との勝ち点差を７に縮められたものの、その差はまた開いてしまった。

最後まで守備に奔走した安部は「徳島のスタイルを貫いた上での敗戦。悲観的には捉えていない」と言う。ただ、勝ちと負けを繰り返し、一気に浮上できないもどかしさが募る。次戦はホームに勝ち点２０で並ぶ栃木を迎える。折り返しも近づくここから先は、結果へのこだわりが一層求められる。

19節　6月3日(土)　19:00 KO

シティライトスタジアム(10,256人)

徳島 4勝8分7敗 勝点20		AWAY 0(0-0 / 0-2)2		岡山 6勝11分2敗 勝点29
SH 7	スアレス	GK	堀田	SH 15
CK 3	森昂	DF	本山	CK 6
FK 12	石尾	DF	柳	FK 12
PK 0	安部	DF	鈴木	PK 0
	白井	MF	高木	
	西野	MF	河野	
	玄理吾	MF	田中	
	杉本	MF	河井	
	浜下	MF	仙波	
	柿谷	FW	ルカオ	
	森海	FW	ムーク	

得点者

徳島	岡山
	ステファン ムーク(3) 田部井 涼(1)

交代

徳島	岡山
▼森海▲棚橋	▼高木▲高橋
▼玄理吾▲中野	▼ルカオ▲桜川
▼杉本▲渡	▼河井▲チアゴアウベス
▼浜下▲坪井	▼仙波▲田部井

前半、必死の守りを見せるスアレス

第20節　6/11(日)
鳴門ポカリスエットスタジアム
HOME

○徳島　1－0　栃木●

この試合後の順位　15位／22

カウンター鮮烈、ホーム3連勝

前半、先制ゴールを決めポーズをとる森海ら

相手のお株を奪う鮮やかなカウンター攻撃だった。前半２６分、柿谷の鋭いプレスに相手がたまらずパスを出す。それを見逃さなかったのが玄理吾。「コースを限定しやすかった。ここしかないと思った」。一瞬のひらめきを生かし、パスカットに成功した。

ここから流れるようだった。柿谷とのワンツーから玄理吾が中央へ切り込むと、相手の守備網が整わずフリーになっていた森海ヘラストパス。右足に絶対的な自信を持つ森海は「入ると思った」とペナルティーエリア外側から迷わず右足を振り抜いた。バズーカ砲のような強烈なシュートはＧＫの手をはじき、クロスバーを揺らしてゴールに吸い込まれた。

後方から丁寧に組み立てたかったが、寄せの早い栃木に中盤でボールを奪われた。それでも、柿谷を中心に前線の選手が高い位置で奪い返し、何度もカウンターにつなげた。後半は相手のパワープレーを粘り強くはじき返し、ホーム３連勝を告げる歓喜の笛を聞いた。

勝ち点で並ぶ栃木をたたいて浮上したかった一戦で狙い通りに勝利を収め、順位は今季最高の１５位まで上昇した。初勝利した１２節磐田戦以降、５勝２分け２敗と着実に勝ち点を積み上げている。

それでも上位との差はまだ大きく、選手は内容にも結果にも納得してはいない。防戦となり、追加点を奪えなかった後半を森海は「あれでは上位に食い込んでいけない」と戒め、順位についても「Ｊ１昇格という当初の目標からすればまだまだ」と首を横に振った。次節は早くも前半最終戦。５連勝中の山形をホームに迎える。スタンドの声援を力に変え、今季初の連勝で折り返しを迎えたい。

20節　6月11日(日)　16:00 KO

鳴門ポカリスエットスタジアム(4,201人)

徳島 5勝8分7敗 勝点23		HOME 1(1−0／0−0)0		栃木 5勝5分10敗 勝点20
SH 5	スアレス	GK	藤田	SH 5
CK 2	森昂	DF	福島	CK 4
FK 18	石尾	DF	平松	FK 12
PK 0	安部	DF	大森	PK 0
	白井	MF	森俊	
	西野	MF	神戸	
	玄理吾	MF	佐藤	
	杉本	MF	福森	
	西谷	MF／FW	小堀	
	柿谷	FW	根本	
	森海	FW	山田	

得点者

徳島	栃木
森 海渡(8)	

交代

徳島	栃木
▼玄理吾▲児玉	▼小堀▲矢野
▼杉本▲長谷川雄	▼神戸▲西谷
▼森海▲棚橋	▼山田▲宮崎
▼西野▲坪井	▼森▲吉田
	▼大森▲高萩

第21節　6/17（土）
鳴門ポカリスエットスタジアム
HOME

▲徳島　1 − 1　山形▲

この試合後の順位　**16位**／22

ホーム通算500ゴールをPKで決める森海

先制点守れず
悔しいドロー

相手のプレスをかいくぐり、スペースを使って効果的に前進した。チームを何度も救ってきたストライカーもしっかりとＰＫを決め、クラブのホーム通算５００ゴールを記録した。２カ月前は怒号が響いたスタンドからは終始、拍手と声援が送られた。それだけに、勝ち点３が欲しかった。

膠着（こうちゃく）した展開が続いた中、先制のチャンスは後半１６分にＰＫという形で訪れた。「緊張はなかった。コースを読まれても決め切る自信があった」とキッカーの森海。彼がゴールを奪った試合は無敗という点取り屋は、冷静にゴール左隅に決めた。

今季初の連勝とホーム４連勝が懸かった試合。スタンドは今季一番の盛り上がりを見せた。３３分に同点とされた後も、パスをつないで相手ゴールへ迫るたびに大歓声が沸き起こった。ラバイン監督は「２万人くらいが応援してくれているようだった」と感謝した。

互いに細かなパスをつないで相手の隙を探り合う戦いで、より滑らかにつないだのは徳島の方だった。組み立てやカウンターの起点となった森昂は「予測して奪い、うまく前進できた」と手応えをにじませる。

だからこそ勝ちたかった。山形は昨季の最終戦で徳島のＪ１昇格プレーオフ進出を阻んだ相手でもあり、雪辱して前半戦を締めくくりたかった。　それでも最近１０節で勝ち点１８を積み上げた。Ｊ１昇格プレーオフ圏内の６位内に入るボーダーラインは最近５年間で６３～７１で推移する。同様のペースを維持できればＪ１復帰の可能性はある。スタートで出遅れた今季、後半戦はサポーターにどれだけの期待感を抱かせられるか。最後まで高い志を持って戦い抜く必要がある。

21節　6月17日（土）　19:00 KO

鳴門ポカリスエットスタジアム（5,601人）

徳島	HOME	山形
5勝9分7敗 勝点24	1（0−0 / 1−1）1	9勝2分10敗 勝点29

徳島				山形
SH 9 CK 7 FK 12 PK 1	スアレス	GK	後藤	SH 8 CK 2 FK 6 PK 0
	森昂	DF	川井	
	石尾	DF	西村	
	安部	DF	野田	
	白井		小野	
	西野		藤田	
	玄理吾	MF	国分	
	杉本		南	
	西谷		イサカ	
	柿谷	FW	加藤	
	森海	FW	アウベス	

得点者

徳島	山形
森 海渡PK（9）	チアゴ アウベス（11）

交代

徳島	山形
▼森海▲棚橋	▼藤田▲小西
▼西野▲髙田	▼加藤▲河合
▼玄理吾▲中野	▼国分▲田中
	▼イサカ▲横山

▲徳島　1－1　仙台▲

この試合後の順位　15位／22

内容は勝利、結果はドロー

徳島の「背番号１０」が１万人を超える仙台サポーターの大声援を一瞬でかき消した。後半１０分に昨年７月の徳島復帰後初となるゴールを決め、勝ち点１に結び付けたＭＦ杉本。にもかかわらず「２点目を取れるチャンスもあった。うれしいと言うより、もっと取らないとという思いが強い」と反省が口をついた。

前半に先制されてもチームに焦りはなかった。攻撃時に大ブーイングを浴びせられる「これぞアウェー」というシチュエーションでも、細かなパスにロングボールを織り交ぜてスペースを突く。サイドも活用して相手に的を絞らせず、効果的に前進した。

後半に攻勢を強めたチームの中で、前節は自身のミスが失点に絡んだ徳島市出身の西野はひときわ燃えていた。「サッカーの失敗はサッカーで取り返すしかない」。ボールを持つと果敢に中央に切り込み、得点を狙った。後半１０分もゴール前のこぼれ球に反応してシュートを放ち、これが杉本の足元へ。「ふかさないことだけ意識した」という杉本のシュートは見事にゴール左隅にコントロールされていた。

１１戦連続で勝てていない仙台を倒し、後半戦を幸先良く発進したかったが、相性の悪さを拭い去れなかった。ただ、ボールを動かしながら隙を突く自分たちらしさを表現し、今季最多の１９本のシュートを放った。ラバイン監督も「多くの局面で相手を上回っていた。勝ち点３に値した試合」と戦術の浸透と選手の成長に手応えを感じていた。

内容があったからこそ、同点弾にはにこりともせず「勝ち切りたかった」と悔しさをにじませた杉本。残り２０試合、結果を出して笑顔を輝かせる「１０番」を見たい。

22節　6月25日（日）　18:00 KO

ユアテックスタジアム仙台（10,286人）

徳島	AWAY	仙台
5勝10分7敗 勝点25	1（0−1 / 1−0）1	8勝7分7敗 勝点31

徳島		位置		仙台
SH 19 CK 5 FK 13 PK 0	スアレス	GK	小畑	SH 10 CK 2 FK 16 PK 0
	森昂	DF	小出	
	石尾	DF	若狭	
	安部	DF	菅田	
		DF	金太炫	
	白井	MF	エベルトン	
	西野	MF	松下	
	玄理吾	MF	郷家	
	杉本	MF		
	西谷	FW	気田	
	柿谷	FW	許熔埈	

得点者

徳島	仙台
杉本 太郎（1）	許熔埈（1）

交代

徳島	仙台
▼森海▲棚橋	▼許熔埈▲山田
▼玄理吾▲坪井	▼エベルトン▲フォギーニョ
▼杉本▲児玉	▼小出▲蜂須賀
▼西野▲長谷川雄	▼郷家▲遠藤
	▼松下▲中山

後半、同点ゴールを決めた杉本（河北新報社提供）

▲徳島　0－0　群馬▲

この試合後の順位　16位／22

23節　7月1日（土）　19:00 KO					
鳴門ポカリスエットスタジアム（4,043人）					
徳島 5勝11分7敗 勝点26		HOME 0（0－0 0－0）0		群馬 8勝8分7敗 勝点32	
SH 7 CK 9 FK 12 PK 0	スアレス	GK	櫛引	SH 7 CK 3 FK 11 PK 0	
	森昂	DF	酒井		
	石尾	DF	畑尾		
	長谷川雄	DF	中塩		
	白井	MF	岡本		
	西野	MF	風間		
	中野	MF	高橋		
	杉本	MF	川上エドオジョン		
	西谷	MF	山中		
	柿谷	FW	長倉		
	森海	FW	平松		
得点者					
交代					
▼中野▲児玉 ▼森海▲棚橋 ▼西野▲髙田 ▼杉本▲渡				▼畑尾▲城和 ▼平松▲北川 ▼川上エドオジョン▲川本 ▼風間▲内田 ▼山中▲佐藤	

圧倒的にボールを保持し、後半は波状攻撃を仕掛けた。しかし１点が奪えない。勝てそうで勝てず、３戦連続引き分けという結果に試合後、選手も悔しさをにじませた。

持ち味のパスワークは前半から悪くなかった。丁寧につなぎ、ペナルティーエリア（ＰＡ）までは何度も前進した。ただ、人数をかける群馬の守備ブロックを崩すのは容易ではなく、ゴール前の最後の局面でラストパスは阻まれ続けた。

パス技術の高い児玉が投入され、攻撃にリズムが生まれたのは後半１７分から。「ミスを考えてやってるようじゃ駄目」と臨んだ児玉は、一瞬のひらめきを信じて鋭い縦パスやタイミングをずらす柔らかいパスを送り、ＰＡ内をかき乱した。

２２分、児玉を交えた右サイドの連係から最後に徳島市出身の西野が左足を振り抜いた。しかし、これもわずかにゴール右側に外れた。押し込み続けたはずの後半に放ったシュートはこの１本のみ。カウンターを恐れたのかもしれないが、丁寧に行き過ぎた感がある。

開幕から１０戦勝てず、戦術変更に踏み切った１１戦目の相手が群馬だった。０―０に終わったが、新戦術に手応えをつかんだ徳島にとっては再出発地点となった。その相手から今回こそ白星を奪って成長を示したかった。しかし、守備ブロックを破る工夫やＰＡ内の精度向上に課題を残した。

体を張った守りで何度も相手の突進を阻んだ長谷川雄は「引き分け続きで苦しいけど良い時間帯も多くあった。最後の部分の質を上げていけたらゴールにも勝利にもつながる」。中３日で前回敗れた水戸戦が迫る。すっきり勝って「梅雨空」のようなもやもやを吹き飛ばしたい。

堅守崩し切れず無得点ドロー

後半、相手のFKを必死に防ぐ選手ら

PICK UP PLAYER
FILE NO.3

DF 5

HIDENORI ISHII

石井 秀典

2年連続で徳島ヴォルティスの主将を担い、チームを引っ張った。今季はけがの影響でリーグ戦出場は終盤の3試合にとどまったものの、日頃から若手を励まし、チームの精神的支柱となった。今季限りで引退となった最年長の38歳は徳島で9年、通算16年に及んだプロ生活について「後悔も、心残りもない」とすがすがしい。

現役最後の出場となった第41節ホーム藤枝戦。スタンドでは、大勢のサポーターが背番号「5」を書いた青色のカードを掲げ、最後の勇姿を見守った。その期待に応えるように、粘り強い守備を見せて藤枝の攻撃を無失点に抑えた。試合後は「石井」コールが鳴り響き、目を潤ませた。

昨季もリーグ戦出場は4試合にとどまり、毎年掲げるフル出場という目標に見合う活躍ができなくなった。けがで離脱する期間も長くなり「頭の中と体のギャップが開いてきた」と引退を決断した。現役を退くことを家族に話した際のことを思い返し「長男には大泣きされ、妻からはありがとうと言ってもらえた。長年やり続けて良かったとすごく実感した」と語った。

チームにその身をささげてきた実績が評価され、今季の「選手が選ぶMVP」に選出された。徳島については「人としての深さをつくってくれた。自分は徳島を去るが、これからもクラブは発展し続けないといけない。そのためにもサポーターの皆さんの力が必要」と最後まで主将らしく応援を呼び掛けた。

第24節　7/5(水)
ケーズデンキスタジアム水戸
AWAY

●徳島　**1－3**　水戸○

この試合後の順位　**18位**／22

3失点逆転負け　迫る降格圏

上位には引き離され、下位には詰め寄られた。気が付けばＪ３降格圏の２１位との勝ち点差はわずか２。「崖っぷち」が迫る今季初の逆転負けに、試合終了後、選手は力なく肩を落とした。

今季初の５連戦の２戦目。好調の２トップ、柿谷と森海をベンチに温存し、坪井、棚橋の若手コンビが最前線に並び立った。采配は的中。前半７分、安部、西野、坪井が抜群の連係で先制点を奪った。ペナルティーエリアの外からゴール右隅を正確に射抜いた坪井は「振り抜くよりミートすることを意識した」と今季２点目を振り返った。

ただ、歓喜はつかの間で、その後は水戸に押し込まれる展開が続いた。徳島の生命線である後方からの組み立てが相手の前線に乱され、前進はおろか、自陣内で何度もボールを奪われた。前半は優勢だった支配率もセカンドボールをことごとく拾われ、後半は水戸ペースに。ラバイン監督は「自陣でパスを回すのではなく、相手の背後のスペースをもっと狙うべきだった」と悔やんだ。

今季前半戦も０―２で敗れた水戸には２０２０年シーズン以降２分け３敗と一度も勝てておらず、またも相性の悪さを克服できなかった。次戦の岡山、次々戦の東京Ｖにも前半戦は０―２で敗れており、これ以上同じ相手に連敗するわけにはいかない。

昇格へと突き進む後半戦のはずが、３試合を終えて勝ち星がない。この日、２１位いわき、最下位２２位の大宮がそろって勝ち、下位チームの足音が再び聞こえ始めた。

24節　7月5日(水)　18:00 KO						
ケーズデンキスタジアム水戸(2,349人)						
	徳島 5勝11分8敗 勝点26		AWAY 1(1−0 / 0−3)3		水戸 7勝6分11敗 勝点27	
SH 5	スアレス	GK	山口	SH 13		
CK 3	森昂	DF	長井	CK 5		
FK 17	石尾	DF	松田	FK 13		
PK 0	安部	DF	楠本	PK 0		
	白井	DF	成瀬			
	西野	MF	武田			
	児玉	MF	前田			
	杉本	MF	鵜木			
	西谷	MF	小原			
	坪井	FW	梅田			
	棚橋	FW	永長			

得点者

徳島	水戸
坪井 清志郎(2)	松田 佳大2(2) 安藤 瑞季(3)

交代

徳島	水戸
▼森昂▲長谷川雄	▼梅田▲安藤
▼杉本▲森海	▼小原▲杉浦
▼棚橋▲柿谷	▼成瀬▲井上
▼坪井▲山下	▼草野▲村田
▼西野▲髙田	▼鵜木▲永長

前半、先制ゴールを決めた坪井(茨城新聞社提供)

第25節　7/9(日)　HOME
鳴門ポカリスエットスタジアム

▲徳島　1 − 1　岡山▲

この試合後の順位　17位／22

後半、相手ゴール前で激しく競り合う西野と石尾

均衡を破った柿谷の今季７点目はクラブのＪ２通算８５０点目。ただ、メモリアルゴールは勝利に結び付かず、最後に追い付かれて５試合連続白星から遠ざかった。上位との差は広がり、下位から抜け出せない。柿谷は「（最下位に沈んだ）序盤とはまた違った苦しさがある。今のままじゃ駄目だ」と言う。

前半から柿谷や森海が積極的に背後を狙った。ロングボールを織り交ぜながら、岡山の守備ブロックが整わないうちに速攻を仕掛ける。丁寧に組み立てながら攻めた前節と違ってスピーディーにゴールを目指す選手に、８０００人以上が訪れたスタンドからは何度も大きな声援と拍手が沸き起こった。

先制した後も攻撃の手を緩めず２点目、３点目を狙う姿勢もこれまでとは違った。柿谷の先制点を呼び込むシュートを放った棚橋は「相手が疲れてきていたので裏へ走り続けた」。懸命の攻撃もあと一歩でゴールを割ることができず、逆に同点弾を決められ、勝ち点２を失った。

５～１３節まで最下位に甘んじた今季。Ｊリーグによると、最下位を複数節経験したチームでＪ１昇格プレーオフに進出したのは２０１２年の横浜ＦＣ（計３節）のみ。昇格したケースはない。

ナイターにもかかわらずスタジアムに集まったサポーターは大逆転を信じている。「崖っぷち」の状況から前例を打ち破れるか。

25節　7月9日(日)　19:00 KO

鳴門ポカリスエットスタジアム(8,293人)

徳島	HOME	岡山
5勝12分8敗 勝点27	1 (0−0 / 1−1) 1	7勝13分5敗 勝点34

徳島	位置	岡山	位置
スアレス	GK	堀田	GK
森昂	DF	河野	DF
石尾	DF	バイス	DF
安部	DF	柳	DF
白井	MF	鈴木	DF
西野	MF	田中	MF
児玉	MF	田部井	MF
杉本	MF	仙波	MF
西谷	MF	佐野	MF
柿谷	FW	桜川	FW
森海	FW	坂本	FW

	徳島	岡山
SH	7	9
CK	4	2
FK	16	8
PK	0	0

得点者

徳島	岡山
柿谷 曜一朗(7)	木村 太哉(2)

交代

徳島	岡山
▼児玉▲坪井	▼田中▲高橋
▼杉本▲長谷川雄	▼桜川▲木村
▼森海▲棚橋	▼坂本▲ムーク
▼柿谷▲髙田	▼田部井▲本山
	▼佐野▲福元

最終盤に失点、手痛い引き分け

後半、ドリブルで駆け上がる高田

第26節　7/15(土)
味の素スタジアム
AWAY

▲徳島 0－0 東京V▲

この試合後の順位　17位／22

後半、児玉が中央をドリブルで駆け上がる

後半の攻撃活性化に光明

後半、エウシーニョがドリブルで攻め上がる

リーグ２番目に失点の少ない東京Ｖを攻めあぐね、前半のシュートはわずか１本。後半も３本にとどまり、計４本は今季２番目に少なかった。シュートシーンの少ないスコアレスドローはやはり物足りない。

前半から縦パスを効果的に織り交ぜて相手ゴール前に迫ったが決定機をつくれず、後半開始からは相手にボールを持たれる苦しい展開。流れを変える役割を担い、後半１６分に送り込まれたのがブラジル人ＤＦのエウシーニョだ。「自分の特長である前進するプレーでチームに貢献したかった」と１９試合ぶりの出場に闘志をみなぎらせた。

４バック気味になった最終ラインの右に入ったエウシーニョは得意のドリブルで積極的に中央に切り込み、相手守備をかき乱した。２２分には正確な右クロスをゴール前に上げ、坪井のヘディングシュートをお膳立て。これは相手ＧＫの好セーブに阻まれたが、その後もボールを持ち上がってシュートを打つなどしチームに流れを引き寄せた。

３センターバックの右を担う森昂は「右サイドの攻撃が活性化された」と、プレスに苦しんだ前半と比べてエウシーニョ投入後は組み立てがしやすくなったと振り返る。

ただ、後半戦５試合を終えて白星がない。コンディションが整い、ようやくピッチに戻ったエウシーニョがチームの希望となれるか。３３歳の技巧派ＤＦは「２位チームとの引き分けを次に生かせるようハードワークしていく」と話した。

26節　7月15日(土)　18:00 KO

味の素スタジアム(6,646人)

徳島	AWAY	東京V
5勝13分8敗 勝点28	0(0-0 0-0)0	13勝6分7敗 勝点45

徳島		位置		東京V
SH 4	スアレス	GK	マテウス	SH 5
CK 3	森　昂	DF	宮　原	CK 3
FK 17	石　尾		千　田	FK 12
PK 0	安　部		平	PK 0
	白　井	MF	深　沢	
	西　野		斎　藤	
	児　玉		染　野	
	坪　井		森　田	
	西　谷		稲　見	
	柿　谷		加　藤	
	森　海	FW	山　田	

得点者

交代

徳島	東京V
▼森海▲棚橋	▼加藤▲甲田
▼西野▲エウシーニョ	▼山田▲北島
▼児玉▲長谷川雄	▼斎藤▲林
▼柿谷▲渡	▼深沢▲阪野
▼坪井▲髙田	

第27節　7/22（土）　HOME
鳴門ポカリスエットスタジアム

●徳島　1 − 2　甲府○

この試合後の順位　**20位**／22

勝敗分けた決定力の差

後半ロスタイム。長谷川雄のＦＫを安部が折り返し、棚橋が豪快に左足を振り抜いてリーグ初得点を決めた。だが、時既に遅し。まもなく試合終了を告げる笛が吹かれ、ホーム８試合ぶりとなる黒星にスタンドからはため息が漏れた。

前半から人数をかけて激しく奪いに来る甲府の守備の網に絡め取られ、うまく前進できなかった。逆にボールを奪われるとキープ力の高い元徳島のウタカに集められ、甲府お得意のカウンターを仕掛けられた。何とかしのいで自分たちのペースに持ち込みたかったが、後半もカウンターからピンチを招く構図を変えることはできなかった。

徳島も決定機は何度かつくった。互いに放ったシュートは１１本。前半終了間際には坪井が、後半１６分には棚橋がそれぞれフリーでヘディングシュートを放ちゴールに迫った。決まっていれば流れも結果も変わったかもしれない。勝敗の差は決定力。やはりゴール前の精度を高めていかないと勝利をつかむのは難しい。

坪井は「点を取れなかったのは自分の責任。次の試合で取り返す」。棚橋も「まだまだ自分は力不足。もっとゴールを重ねチームを勝利に導く」と雪辱を誓った。

後半戦に入って６戦勝ちなし。Ｊ３降格圏の２１位と勝ち点で並び、またも残留争いの渦中にある。残り１５試合。望みを捨てないサポーターが見たいのは、このままあえぎ続ける姿でも、消化試合でもない。

27節　7月22日（土）　19:00 KO
鳴門ポカリスエットスタジアム（4,987人）

徳島	HOME	甲府
5勝13分9敗 勝点28	1（0−0 / 1−2）2	14勝4分9敗 勝点46

徳島スタッツ	徳島	ポジション	甲府	甲府スタッツ
SH 11	スアレス	GK	河田	SH 11
CK 6	森昂	DF	蓮川	CK 4
FK 16	石尾	DF	関口	FK 10
PK 0	安部	DF	マンシャ	PK 1
	白井	MF	小林	
	西野	MF	武富	
	杉本	MF	長谷川	
	坪井	MF	林田	
	西谷	MF	品田	
	柿谷	FW	ジェトゥリオ	
	棚橋	FW	ウタカ	

得点者

徳島	甲府
棚橋 尭士（1）	長谷川 元希2（PK1）（5）

交代

徳島	甲府
▼坪井▲森海	▼品田▲佐藤
▼西野▲エウシーニョ	▼武富▲鳥海
▼森昂▲長谷川雄	▼小林▲野沢
▼柿谷▲高田	▼ウタカ▲三平
▼杉本▲渡	▼ジェトゥリオ▲宮崎

後半ロスタイム、棚橋がゴールを決め１点を返す

第28節　7/29(土)
町田ＧＩＯＮスタジアム
AWAY

●徳島　1－2　町田○

この試合後の順位　20位／22

攻守に苦戦、遠い白星

前半、中盤で相手と競り合うエウシーニョ

５月のように逆転勝利とはいかず、攻守に圧倒されて首位に完敗した。苦しみ抜いた序盤戦を想起させる８戦未勝利に、スタンドからの怒号の声量も大きくなってきた。

ボール目がけて複数で寄せてくる町田の守備に前半から苦戦した。高い位置で奪われ速攻を受ける。相手の形にはまり、決定機をつくられた。

勝敗を分けたのはオウンゴールだったが、これも町田の攻撃力に屈した結果といえた。元徳島の藤尾の突破力とゴール前に走り込んでくるＦＷの圧力がエウシーニョのミスを誘った。同点ゴールを決め、勝ち点を得ていれば殊勲者にもなれたエウシーニョが「完全に僕の責任」と頭を下げた。

シュート数は町田が１７本、徳島は今季最少タイの３本。運動量でも気迫でも劣り、前回の逆転勝利がうそのような力の差を見せつけられた。

気を吐いたのはキャプテンマークを巻く柿谷。同点弾の起点となる左サイドでのボール奪取のほか、相手の決定的なシュートを２度も頭ではじき返す活躍を見せた。

残留争いに巻き込まれた現状に柿谷は「自分がチームを勝たせるという気持ちで全員がプレーできていない」と苦言を呈した。さらに「何とかチームを立て直したいというのが自分のやりがいになっている。落ち込んでいる場合ではない。一生懸命さを伝えるのは難しいけど、これからもその姿勢をサポーターに届け続ける」と大黒柱としての責任を言葉にした。

気付けばシーズンの３分の２が過ぎた。なのにいまだに勝利のパターンをつかめていない。今後はどのチームも一段階ギアを上げてくる。一戦一戦が生き残りを懸けた試合となる。

28節　7月29日(土)　18:00 KO

町田ＧＩＯＮスタジアム(3,561人)

	徳島	AWAY	町田	
	5勝13分10敗 勝点28	1(1-1 0-1)2	17勝6分4敗 勝点57	
SH 3	スアレス	GK	ポープ	SH 17
CK 2	森 昂	DF	鈴 木	CK 6
FK 14	石 尾		張敏圭	FK 8
PK 0	長谷川雄		池 田	PK 0
	白 井		翁 長	
	エウシーニョ	MF	バスケス	
	杉 本		松 井	
	児 玉		宇 野	
	西 谷		高 橋	
	柿 谷	FW	エリキ	
	森 海		藤 尾	

得点者

徳島	町田
エウシーニョ(1)	エリキ(15)
	オウンゴール

交代

徳島	町田
▼長谷川雄▲内田	▼池田▲藤原
▼児玉▲玄理吾	▼藤尾▲デューク
▼エウシーニョ▲ケサダ	▼高橋▲荒木
▼柿谷▲渡	▼バスケス▲中島
▼杉本▲棚橋	▼エリキ▲沼田

第29節　8/6(日)　HOME
鳴門ポカリスエットスタジアム

▲徳島 3－3 千葉▲

この試合後の順位 **21**位／22

後半、ゴールを決めガッツポーズする棚橋

勝ち点３が手からこぼれ落ちた。まさかの結末にスタンドの声援は悲鳴や沈黙に変わる。２点リードしながら最終盤に追い付かれて引き分けた結果、ついにＪ３降格圏の２１位に陥落した。試合後、スタンドからは拍手に交じって「結果を出せ」というやじが飛んだ。

課題となっていた組み立ての安定と前への意識を生み出すため１９試合ぶりに４バックで挑んだ。中盤はボランチを２人に増やし、守備の比重が高かった両サイドの選手をより攻撃しやすいよう高く上げた。「パスの選択肢が広がり前進しやすくなった」とセンターバックの森昂。パスはスムーズにつながり、前半から何度も決定機を築いた。

一人一人のプレーに勝利への執念もにじんだ。前線は果敢にプレスに走り、中盤や最終ラインは球際激しくボールを奪う。森海の２点目や棚橋の得点はいずれも積極的な守備が起点となった。目標の２桁得点を達成した森海は「システム変更はポジティブな要素となった」と話した。

相手のＰＫ失敗を生む気迫を見せ、再三の好セーブでチームを救っていたＧＫスアレスのミスも「まさか」だった。多くの選手が駆け寄って励まし、これ以上の失点はないと信じたかったが、千葉の圧力に抗し切れない時間が長い中で、根負けしたように最後にＣＫから失点した。「手応えはあった」と森昂が言うように見どころはあっただけに、結果に結び付かないのがやるせない。

今節は勝ち点が同じだった金沢や最下位の大宮が勝ち、残留争いはし烈さを増した。次からは徳島と勝ち点が近い栃木、山口、金沢との戦いが続く。勝てば相手を引きずり下ろし、負ければ自らが沈んでいく。毎試合が正念場だ。

29節　8月6日(日)　19:00 KO
鳴門ポカリスエットスタジアム(4,411人)

徳島	HOME	千葉
5勝14分10敗 勝点29	3(2－1 / 1－2)3	10勝9分10敗 勝点39

	徳島		千葉	
SH 10	スアレス	GK	鈴木椋	SH 14
CK 3	森昂	DF	高橋	CK 7
FK 13	内田		鈴木大	FK 6
PK 0	安部		佐々木	PK 1
	白井		日高	
	エウシーニョ	MF	田中	
	浜下		小林	
	櫻井		田口	
	西谷		ドゥドゥ	
	棚橋		風間	
	森海	FW	小森	

得点者

徳島	千葉
森 海渡2(11)	風間 宏矢(2)
棚橋 尭士(2)	田口 泰士(1)
	米倉 恒貴(3)

交代

徳島	千葉
▼櫻井▲長谷川雄	▼小林▲熊谷
▼森海▲渡	▼田中▲米倉
▼安部▲ケサダ	▼ドゥドゥ▲高木
▼浜下▲坪井	▼風間▲福満
▼棚橋▲柿谷	

勝利目前、悪夢の結末

試合後、サポーターと意見を交わす柿谷

第30節　8/13(日)
カンセキスタジアムとちぎ
AWAY

▲徳島 2－2 栃木▲

この試合後の順位 21位／22

渡、窮地救う
復帰後初得点

敗戦ムードが漂った後半ロスタイム、不完全燃焼だった渡がチームの窮地を救った。６年ぶりの徳島復帰後初となるゴールは２３得点した２０１７年をほうふつとさせる豪快なボレーシュート。「点を取ることだけを考えてピッチに立った。無我夢中だった」と誰もが待ちわびたゴールを振り返った。

前節同様に４バック、２ボランチを敷き、前半はピッチを広く使ってつなぎながら相手の隙を突いて縦パスを狙った。森海の先制点も西谷のスルーパスから。ただ、後半はパスコースを読まれてボールを奪われ、押し込まれる時間が長くなった。徳島同様、残留争いの渦中にある栃木の気迫に押され、後半終了間際にＣＫから勝ち越された。

後半３６分からピッチに立った渡は諦めていなかった。点取り屋としての活躍が期待されたものの、ここまでの２２試合はノーゴール。「自分を必要としてくれた徳島に大きな恩を感じている。結果を残したかった」。前回在籍時に見せていた獣のような鋭い反応と豪快なダイレクトプレーを、土壇場のピッチで披露した。絶対に負けられない下位同士の直接対決で、せめて勝ち点１を持ち帰る立役者となった。

チームトップの１２点を挙げる森海からもその献身性とゴールへの嗅覚に敬意を抱かれる存在だ。結果を残せなかった時期もベンチで声を張り上げて仲間の闘争心をかき立ててきた渡は「これまでめちゃくちゃしんどかったし悔しかったけど、ここから点を取りまくる」と断固とした決意を口にした。

30節　8月13日(日)　19:00 KO

カンセキスタジアムとちぎ(5,865人)

徳島	AWAY	栃木
5勝15分10敗 勝点30	2(1-1 1-1)2	7勝11分12敗 勝点32

徳島		Pos.		栃木
SH 6	スアレス	GK	藤田	SH 11
CK 5	森昂	DF	黒崎	CK 5
FK 18	内田	DF	福島	FK 7
PK 0	安部	DF	平松	PK 0
	白井	MF	大森	
	エウシーニョ	MF	山田	
	浜下	MF	西谷	
	櫻井	MF	佐藤	
	西谷	MF	福森	
	柿谷	FW	根本	
	森海	FW	イスマイラ	

得点者

徳島	栃木
森 海渡(12)	根本 凌(4)
渡 大生(1)	大島 康樹(3)

交代

徳島	栃木
▼浜下▲坪井	▼黒崎▲石田
▼柿谷▲中野	▼福森▲吉田
▼櫻井▲山下	▼山田▲安田
▼白井▲ケサダ	▼根本▲大島
▼内田▲渡	▼イスマイラ▲小堀
	■佐藤

後半ロスタイム、渡が同点ゴールを決める

第31節　8/20(日)　HOME
鳴門ポカリスエットスタジアム

○徳島 2－0 山口●

この試合後の順位　19位／22

西野躍動、11戦ぶり白星

徳島の「太陽」が暗闇に光を照らした。１得点１アシストの活躍で１１戦ぶりの勝利に貢献した徳島市出身の西野太陽。チームは降格圏から脱し、試合後はスタジアムに太陽コールが響いた。

「どんな形でも勝ちにつながるプレーをしたかった」。４試合ぶりのピッチに立った西野は前半から積極的に相手の背後を狙い、チャンスメークに徹した。立ち上がり早々、右サイドを上がって森海のパスを受け、相手の裏をかくマイナス方向へ低いクロスを上げる。これが白井のゴールに直結。白井は「丁寧に当てるだけだった」と今季初得点を振り返った。

この日の西野は止まらない。２６分には出足鋭く敵陣エリア外でパスカットすると、そのまま持ち込んで左足を一閃（いっせん）。相手ＤＦに当たったシュートはゴール右隅に吸い込まれた。

勝負の年と位置付けたプロ３年目。開幕戦でリーグ初得点、第２節に２点目を決め、順調なスタートを切った。ただ、いずれも白星には至らず「勝利に結び付くゴールを奪う」と心に誓った。２９試合ぶりの得点で念願を果たし「うれしかった」と笑顔を見せた。

残留争いが混とんとする中、約２カ月ぶりの白星で暫定順位は１９位に上がった。ただ、降格圏の２１位に沈んだ山口、この日の試合が中止となった２０位金沢との勝ち点差はわずか１。勝ち続けないとすぐに奈落に落ちる。

「苦しい状況に変わりはない。勝利を重ね、強い徳島を取り戻していきたい」。初のヒーローインタビューに立った西野は、選手として、県民として強い思いをスタンドに向けた。

31節　8月20日（日）　19:00 KO				
鳴門ポカリスエットスタジアム（5,533人）				
徳島 6勝15分10敗 勝点33		HOME 2（2－0／0－0）0		山口 7勝11分13敗 勝点32
SH 6	スアレス	GK	寺門	SH 8
CK 2	森昂	DF	平瀬	CK 10
FK 15	内田	DF	前	FK 11
PK 0	田向	DF	沼田	PK 0
	白井	MF	吉岡	
	エウシーニョ	MF	神垣	
	西野	MF	水口	
	櫻井	MF	田中稔	
	西谷	MF	五十嵐	
	柿谷	FW	河野	
	森海	FW	シルビオジュニオール	

得点者	
白井 永地（1） 西野 太陽（3）	

交代	
▼エウシーニョ▲安部	▼水口▲池上
▼櫻井▲永木	▼シルビオジュニオール▲皆川
▼柿谷▲棚橋	▼田中稔▲野寄
▼西野▲坪井	▼五十嵐▲高木
▼田向▲ケサダ	▼神垣▲山瀬

前半、西野が左足を振り抜きゴールを決め２－０とする

監督交代

J2徳島ヴォルティスは8月22日、成績不振に伴い、スペイン人のベニャート・ラバイン監督の契約を21日付で解除したと発表した。後任には昨季J2甲府を天皇杯優勝に導いた吉田達磨監督を据えた。日本人が監督を務めるのは2016年シーズン以来。シーズン途中での監督交代は17年ぶり2度目となった。

クラブは今季、ラバイン氏を監督に迎え、リカルド・ロドリゲス氏、ダニエル・ポヤトス氏に続くスペイン人指揮官によるパスサッカーの継承、発展を図った。しかし、開幕から11試合連続未勝利というクラブワースト記録を残すなど不振が続いた。

初勝利を挙げた第12節磐田戦以降は立て直し、一時15位まで浮上したものの、第21節から再び10試合連続未勝利となり、J3降格圏(21、22位)の21位まで後退した。8月20日の第31節山口戦に勝って19位に浮上したが、勝利数はJ2最少の6、引き分け数は最多の15。残留争いの長期化を懸念したクラブは苦渋の決断を下した。

残り11試合の指揮を引き継いだ吉田監督は、中央を固める守りの強化や、つなぎながら相手守備陣の背後を狙う攻撃を取り入れて4勝4分け3敗と勝ち越しに成功。2試合を残して残留に導いた。

第32節　8/26(土) AWAY
石川県西部緑地公園陸上競技場

○徳島　**1－0**　金沢●

この試合後の順位　**16位**／22

32節　8月26日(土)　19:00 KO				
石川県西部緑地公園陸上競技場(4,874人)				
徳島 7勝15分10敗 勝点36		**AWAY** 1(1−0／0−0)0		**金沢** 9勝5分17敗 勝点32
SH 7 CK 2 FK 13 PK 0	スアレス	GK	白井	SH 10 CK 6 FK 11 PK 0
	森昂	DF	小島	
	内田	DF	山本	
	田向	DF	庄司	
	白井	DF	長峰	
	エウシーニョ	MF	梶浦	
	永木	MF	藤村	
	西谷	MF	加藤潤	
	棚橋	MF	加藤大	
	柿谷	FW	奥田	
	森海	FW	豊田	

得点者	
西谷 和希(2)	

交代	
▼棚橋▲西野	▼豊田▲木村
▼柿谷▲杉本	▼奥田▲林
▼エウシーニョ▲石尾	▼長峰▲石原
▼永木▲櫻井	▼加藤潤▲嶋田
▼森海▲渡	

勝利の笛を聞いた吉田監督は選手一人一人と抱擁をかわし、粘り強くもぎ取った勝ち点３を喜んだ。指揮を執って４日目の初陣で完封勝ちし、順位は暫定ながら三つ上げて１６位に浮上。金沢まで駆け付けた約４００人のサポーターは試合終了後、しばらくの間チャント（応援歌）をスタジアムに響かせ、歓喜に浸った。

「勝った前節の形をできるだけ崩さずに臨んだ」（吉田監督）と言うように、山口戦と同じ４バック、２ボランチの布陣を採用。メンバーも大幅に入れ替えなかった。

前半は得意のパスワークで主導権を握った。ピッチを広く使いながら、パスに緩急をつけて相手ゴールに迫った。３９分、棚橋の右クロスを西谷が正確なトラップから左足を一閃（いっせん）。ゴール上部に突き刺した。西谷は「棚橋がいいボールをくれて、曜一朗さん（柿谷）がニアで競ってくれたのでファーサイドの僕が空いた」と仲間のお膳立てに感謝した。

後半は一転、強くプレスに出てきた金沢に押し込まれたが、誰もが一歩、いや半歩素早く体を寄せてシュート精度を低くした。雨に濡れながらピッチ沿いからげきを飛ばした吉田監督は「実際には声はほとんど選手に届いてないけど、自分も戦っているという姿を見せたかった」。終了間際の失点で勝ち点３を逃してきたチームを引き締めて結果を出し、ほっとしたような笑顔を見せた。

監督交代が起爆剤となり、ようやく今季初の２連勝を収めた。西谷は「ぶれずに全員が努力してきたことが実った。引き続き、勝利に貪欲に頑張っていきたい」。勝ち点３を自信に変え、チームは新指揮官と共に残り１０試合も背水の陣を敷いて戦う。

西谷が千金弾
新監督の初陣飾る

前半、先制ゴールを決めた西谷に駆け寄る選手

第33節　9/3(日)
ＩＡＩスタジアム日本平
AWAY

▲徳島　0－0　清水▲

この試合後の順位　16位／22

一丸の守りで無得点ドロー

前半、相手の攻撃を懸命に防ぐ徳島の選手（静岡新聞社提供）

上位の壁は厚く、高かった。それでも、リーグ最強の攻撃力を誇る清水の猛攻をしのぎ切り、３試合連続の無失点。アウェーで貴重な勝ち点１を持ち帰り、残留に懸ける意地を見せた。

立ち上がりから高い位置でボールを奪われ、シュートまで持ち込まれる場面が目立った。ただ、ここで自陣にこもらず、最終ラインをしっかり上げて前進を試みた。丁寧にパスをつなぎ一瞬の隙を探る。攻守の切り替えが速い清水に奪われ、際どいクロスを上げられてもゴール前ではね返し、裏を取られても懸命に帰陣して体をぶつけた。

後半途中から守備時は５バックの布陣を敷き、より堅固に守った。終了間際の失点が際立つ今季。この試合もロスタイムにＣＫを与え、オレンジ一色のスタジアムは大声援に包まれる中、何とかかき出して試合終了の笛を聞いた。相手の決定機を何度もつぶした森昂は「一丸となって中央を締め、相手のスペースを奪った」と最警戒エリアで自由にさせなかった守備陣の献身に胸を張った。

今節Ｊ２通算２００試合を達成した柿谷もボールを奪いに走った。「今までちょっと足りてなかった部分、相手より走るとか、諦めないことが今勝ち点を取れている要因だと思う」と話した。

危機感を持って一致団結し、３位清水を零封。守備の安定感は増しつつある。残り９試合。残留を確実なものにするには、下位との直接対決（５試合）を制するのはもとより、今節同様に上位との戦い（４試合）で勝ち点を積み上げていく必要がある。

33節　9月3日(日)　18:00 KO

ＩＡＩスタジアム日本平(13,299人)

徳島	AWAY	清水
7勝16分10敗 勝点37	0(0−0 / 0−0)0	15勝12分6敗 勝点57

	徳島		清水	
SH 7	スアレス	GK	権田	SH 7
CK 3	石尾	DF	原	CK 7
FK 14	内田	DF	高橋	FK 7
PK 0	森昂	DF	鈴木	PK 0
	白井		山原	
	永木	MF	白崎	
	西谷	MF	ホナウド	
	ケサダ	MF	中山	
	浜下		カルリーニョスジュニオ	
	柿谷	FW	神谷	
	森海	FW	チアゴサンタナ	

得点者

交代

徳島	清水
▼柿谷▲杉本	▼カルリーニョスジュニオ▲コロリ
▼浜下▲西野	▼山原▲吉田
▼ケサダ▲棚橋	▼中山▲北爪
▼森海▲渡	▼チアゴサンタナ▲北川
▼永木▲櫻井	▼神谷▲宮本

第34節　9/10（日）
鳴門ポカリスエットスタジアム
HOME

○徳島 2－0 いわき●

この試合後の順位　14位／22

2発零封、14位に浮上

前半、石尾がクロスを頭で合わせ先制ゴールを決める

前半戦で苦戦したいわきを組織力で圧倒した。攻めてはつなぎと裏狙いを使い分けて的を絞らせず、守っては中央を堅く閉ざして無失点。ＤＦ石尾、内田の守備の要が１点ずつ挙げる快勝で、順位を今季最高の１４位まで上げた。内田は「安定してゲームを進められた」と４戦連続完封にも手応えをにじませた。

激しく体をぶつけてくるいわきの勢いに押された前半は攻め込まれる時間帯もあった。しかし、クロスを上げられても中央で素早く寄せて精度を鈍らせた。プレスの強さを逆手に取るようにロングボールを織り交ぜながら攻めて相手を広く走らせ、体力を奪った。

前半２３分に先制点を決めた徳島２年目の石尾は「折り返すか迷ったけどゴールに向けて打った」。この選択が当たり、ケサダの左クロスに高く跳んで放ったヘディングシュートはゴール左隅に吸い込まれ、うれしい移籍後初得点となった。

終了間際の追加点も徳島市出身の西野の右クロスから。ゴール前にこぼれた球に反応し、右足で突き刺した内田は「欲しい時間帯に点を取って試合を終わらせることができた」と笑顔を見せた。

２人は守備でも粘り強くクロスをはじき、ペナルティーエリア周辺で相手を自由にさせなかった。前回敗戦時に放たれたシュートは２２本だったのに対し、今回は５本。内田は「全員で意思疎通を図り、守り方が整理できている」と話す。

吉田監督に代わって３戦負けなし。Ｊ３降格圏の２１位との勝ち点差は８に開き、残留争いを一歩リードする立場となった。ただ、この試合でケサダと渡が負傷で途中交代。エウシーニョ、安部の欠場も続き、サイドバックが手薄な状況には一抹の不安が残る。

34節　9月10日（日）　19:00 KO

鳴門ポカリスエットスタジアム（4,799人）

徳島	HOME	いわき
8勝16分10敗 勝点40	2（1−0 / 1−0）0	9勝10分15敗 勝点37

徳島			いわき	
SH 11 CK 4 FK 21 PK 0	スアレス	GK	高木和	SH 5 CK 5 FK 12 PK 0
	石尾	DF	嵯峨	
	内田	DF	石田	
	森昂	DF	家泉	
	白井	MF	宮本	DF
	永木	MF	下田	
	西谷	MF	山下	
	ケサダ	MF	山口	
	浜下	MF	有田	
	柿谷	FW	永井	
	渡	FW	有馬	

得点者

石尾 峻雅（1）
内田 航平（1）

交代

徳島	いわき
▼渡▲森海	▼永井▲谷村
▼ケサダ▲棚橋	▼山口▲岩渕
▼柿谷▲西野	▼有馬▲吉澤
	▼有田▲加藤

後半、ゴールを決め喜ぶ内田

第35節　9/16(土)
レゾナックドーム大分
AWAY

▲徳島 **3－3** 大分▲

この試合後の順位　**14位**／22

堅守破られ、逃げ切れずドロー

後半、ゴールを決め喜ぶ西谷

吉田監督に交代後、無失点を続けていた堅守が打ち破られた。上位相手にアウェーで勝ち点１を得たとはいえ、後半ロスタイムに勝ち越しを許した開幕戦の雪辱を果たせず、悔しさの方が上回る夜となった。

守備陣に離脱者が相次ぎ、固定化されたメンバーで戦わざるを得ない徳島。選手に蓄積した疲労は時間がたつほどに色濃くなった。徳島同様に細かなパスをつなぎながら前進する大分に、前半からボールを持たれる時間が長かったのも響いた。

攻撃をサイドに限定させ、中央では粘り強くはじき返していたが、大分は２点差を追って前線に人数を割き、圧力をかけてきた。ラインが下がってこぼれ球を拾えず、打たれたシュートは後半だけで１１本。波状攻撃を受ける中で２失点した。

「引いて守ってしまい、クリアしか選択肢がなくなった」と攻守に奔走した永木。試合終了まであと少しのところで自分たちのリズムをつくることができなかった。

永木、西谷の個人技が光るゴールで２点差をつけながら、今季２度目の２連勝に結び付けられなかった。２試合連続となる先制点を挙げた石尾は「自陣でボールを奪った後、前線に１本か２本のパスをつなぐことができていたら、相手を下げさせ、自分たちが前進できた」と反省を口にした。

終了間際に追い付かれたのは今季５試合目。吉田監督は「選手の疲労は責められない。試合の映像を見返し、残り数分でいかに力を振り絞るかに焦点を当てていく」と話す。残り７試合。終盤戦に入り、次戦からは過酷な３連戦が待つ。何とか勝ち切る強さを備え、まずは残留を確実なものにしたい。

35節　9月16日(土)　19:00 KO
レゾナックドーム大分(9,741人)

徳島	AWAY	大分
8勝17分10敗 勝点41	3(1-1 2-2)3	14勝9分12敗 勝点51

	徳島		大分	
SH 5	スアレス	GK	西川	SH 16
CK 1	石尾		デルラン	CK 12
FK 12	内田	DF	ペレイラ	FK 11
PK 0	森昂		羽田	PK 0
	白井		弓場	
	永木		野村	
	外山	MF	高畑	
	浜下		野嶽	
	児玉		渡辺	
	西谷	FW	伊佐	
	森海		藤本	

得点者

徳島	大分
石尾 岐雅(2)	野村 直輝(6)
永木 亮太(1)	ペレイラ(2)
西谷 和希(3)	鮎川 峻(2)

交代

徳島	大分
▼児玉▲杉本	▼伊佐▲長沢
▼森海▲渡	▼渡辺▲鮎川
▼外山▲西野	▼藤本▲梅崎
▼永木▲櫻井	▼高畑▲香川
▼浜下▲棚橋	▼羽田▲保田

第36節　9/24(日)
鳴門ポカリスエットスタジアム
HOME

●徳島　0－1　大宮○

この試合後の順位　**15位**／22

攻撃の糸口なく痛恨の黒星

36節　9月24日(日)　16:00 KO				
鳴門ポカリスエットスタジアム(5,613人)				
徳島 8勝17分11敗 勝点41		HOME 0(0−1 / 0−0)1		**大宮** 8勝6分22敗 勝点30
SH 7 CK 0 FK 15 PK 0	スアレス	GK	志村	SH 11 CK 2 FK 9 PK 0
	石尾	DF	岡庭	
	内田	DF	カイケ	
	森昂	DF	市原	
	白井	MF	袴田	
	永木	MF	茂木	
	外山	MF	高柳	
	浜下	MF	石川	
	児玉	MF	小島	
	西谷	FW	室井	
	渡	FW	アンジェロッティ	

得点者	
	室井 彗佑(3)

交代	
▼外山▲杉本	▼石川▲黒川
▼児玉▲西野	▼室井▲富山
▼渡▲森海	▼袴田▲飯田
▼永木▲玄理吾	▼アンジェロッティ▲浦上
▼浜下▲櫻井	▼茂木▲栗本

攻撃の糸口を見いだせないまま時計の針は進み、無得点でタイムアップ。開幕１１戦白星なしと低迷したシーズン序盤を彷彿(ほうふつ)とさせる厳しい試合展開に、スタンドからはため息が漏れた。

開始早々、攻勢を掛けてくる大宮に押し込まれる時間が続き、前半６分に先制を許した。負けじと得意のパスワークで切り崩そうとしたが、守りに徹して中央を固める大宮に縦パスを封じられ、攻撃はサイド中心に限定された。クロスは高さのある相手にはね返され、決定機をつくれない。逆にパスミスやパスカットからカウンターを受け、相手にチャンスを与えた。

同様の展開は得点力不足にあえいだ今季の前半戦に多く見られた。カウンター狙いが明確な相手に奪われるのを恐れ、バックパスや横パスを繰り返して相手に帰陣する時間を与えてしまう。そうなると、ゴール前に密集する守備の壁を崩すには相応のアイデアや連係が求められる。森昂は「前進した後のイメージの共有ができていなかった」、西谷は「ボールを持たされてしまった」と攻撃に迫力を出せなかったことを悔やんだ。

今季最長の７戦連続負けなしと成績は上向いていただけに、単独最下位に沈む大宮に敗れたダメージは計り知れない。負けなしの好調時と、しばらく白星から遠ざかる不調時を交互に繰り返している今シーズン。今後は中２日で熊本戦、その４日後には山形戦と強行日程が控える。吉田体制初黒星が不調の入り口となってはいけない。

後半、果敢にシュートを放つ浜下

HOME

第38節　9/27（水）
鳴門ポカリスエットスタジアム

●徳島　0－1　熊本○

この試合後の順位　16位／22

今季初出場となった石井

疲労がピークに達した終盤での連戦。吉田監督は前節から７人を入れ替える総力戦で臨んだ。その采配はある程度当たった。今季初出場のベテラン石井は積極的に攻撃参加し、Ｊデビューとなった特別指定選手の青木も懸命に体を寄せた。けがから復帰し、２７試合ぶりのピッチとなった杉森は、ドリブル突破で見せ場をつくった。

吉田監督が「情けない試合」と嘆いた前節の大宮戦は攻撃の糸口を見いだせず好機を築けなかった。その反省から全員が攻守に走り、高い位置で奪ってはカウンターにつなげた。ただ、天皇杯４強入りの熊本も粘り強く、めまぐるしく攻守が交代する走り合いの展開となった。

勝敗を分けたのはパスの精度。縦パス１本をゴールに結び付けた熊本に対し、奪った後にパスミスなどですぐにボールを失った徳島。西野は「僕たちは一番チャンスにつなげやすいところで精度を欠いてしまった」と悔やんだ。

失点した場面は相手の絶妙な飛び出しもあり、防ぐのは困難に見えた。それでも石井は「全て僕の責任。自分がついていかないといけないシーンだった」と反省しきりだった。

前節の大宮戦、今節の熊本戦と、勝てば残留を引き寄せる下位直接対決で２連敗。残留に向けて雲行きがやや怪しくなった。残り５試合。２１位金沢が引き分けてまだ勝ち点差は８あるものの、逆転されない保証は何一つない。中３日でアウェー山形戦。まずは連敗を止めたい。

下位対決、精度欠き零敗

38節　9月27日（水）　19:00 KO				
鳴門ポカリスエットスタジアム（3,126人）				
	徳島 8勝17分12敗 勝点41	HOME 0（0−0 0−1）1	熊本 11勝10分16敗 勝点43	
SH 4	スアレス	GK	田代	SH 11
CK 2	森昂	DF	黒木	CK 5
FK 8	石井	DF	江崎	FK 6
PK 0	青木	DF	大西	PK 0
	櫻井	MF	大本	
	白井	MF	上村	
	杉森	MF	伊東	
	西野	MF	豊田	
	西谷	MF	粟飯原	
	柿谷	FW	竹本	
	森海	FW	東山	

得点者	
	伊東 俊（1）

交代	
▼杉森▲浜下	▼大本▲田辺
▼森海▲坪井	▼東山▲平川
▼櫻井▲玄理吾	▼竹本▲大崎
▼西野▲杉本	▼伊東▲土信田
▼柿谷▲棚橋	▼粟飯原▲阿部

27試合ぶりに出場し躍動する杉森

第37節　10/1(日)　AWAY
ＮＤソフトスタジアム山形

○徳島　1－0　山形●

この試合後の順位　14位／22

組織的守備で6度目完封V

　試合終了後、多くの選手がその場でピッチに倒れ込んだ。背後を取られても懸命に追い、体を投げ出してゴールを守り抜いた９０分。勝利への執念を持ち続け、過酷な戦いを制した。

　前半から山形にボールを持たれ、主導権を握られた。それでも慌てることはなく、立ち位置を整えて守備の網を張る。スピードのある前線の選手に突破されても、ゴール前に人数をかけてシュートを防いだ。３４分に永木のＦＫを安部が頭で合わせて先制した後は、さらにプレスを強めて相手の前進を阻んだ。

　後半に失点して勝ち点を失う試合が多い今季。山形にも６月の対戦では後半３３分に追い付かれ、１－１で引き分けた。しかし、この日はチアゴアウベスらリーグ屈指の攻撃陣にシュート１２本を打たれ、ＣＫ１０本を与えながら完封した。永木は「攻め込まれてもしびれを切らさず全員が声を出して守れた」と振り返る。

　８試合ぶりに先発した安部も「自分が背後を取られても森昂がカバーしてくれた。最終ライン全員でしっかり対応できた」と組織力に手応えを感じていた。

　普段ならボールを動かして相手を疲れさせるのは徳島の方で、保持率が４０％を割り込むのは珍しい。ただ、裏への縦パス１本でつかんだチャンスを勝利に結び付けるしたたかさがあった。残留へ大きく前進した１勝は、Ｊ２通算２５０勝の節目にもなった。

　３８節熊本戦が９月２７日に前倒しされたため、次戦は３週間後の磐田戦。試合間隔は空くが、けが人の復帰や主力の疲労回復が見込め、総力戦で残り４試合に臨める。

37節　10月1日(日)　14:00 KO
ＮＤソフトスタジアム山形(7,329人)

徳島 9勝17分12敗 勝点44	AWAY 1(1−0 0−0)0	山形 16勝4分17敗 勝点0

徳島			山形	
SH 4 CK 1 FK 11 PK 0	スアレス	GK	後藤雅	SH 12 CK 10 FK 14 PK 0
	森昂	DF	川井	
	内田	DF	西村	
	安部	DF	野田	
	白井	MF	小野 (DF)	
	永木	MF	高江	
	西野	MF	後藤優	
	西谷	MF	南	
	浜下	MF	イサカ	
	柿谷	FW	藤本	
	森海	FW	アウベス	

得点者

安部 崇士(2)

交代

徳島	山形
▼柿谷▲杉本	▼イサカ▲横山
▼森海▲渡	▼アウベス▲泉
▼浜下▲杉森	▼高江▲田中
▼安部▲石井	▼後藤優▲高橋
▼西谷▲ケサダ	▼藤本▲藤田

前半、先制ゴールを決め喜ぶ安部(山形新聞社提供)

新エンブレム発表

J2徳島ヴォルティスは9月10日、クラブエンブレムの新デザインを発表した。来季のクラブ設立20周年に合わせて刷新した。来年1月1日からユニホームや旗、グッズなどに使用される。

新エンブレムは、ヴォルティスの頭文字「V」をベースに、力強い鳴門の渦潮や阿波踊りのしなやかな腕の動きを曲線で表現。藍色、緑、白を基調とし、徳島伝統の藍色は「吉野川の恵み」、緑は「眉山や徳島の豊かな自然」を表している。エンブレムを形づくる線は全部で12本あり、フィールドに立つ選手11人とファン・サポーターが一丸となって勝利を目指すという思いを込めている。

クラブは6月、ファン・サポーターを対象に、デザインなどに関するアンケートを実施。1314件あった回答などを基に決めた。

ソシエダと提携

J2徳島ヴォルティスは昨年１２月、スペイン１部の名門レアル・ソシエダードと、選手や指導者らが交流を深めて強化につなげる育成業務提携を結んだ。提携期間は３年間。今年３月にはトップチームのＤＦ西坂斗和とユース、ジュニアユースの４選手を初めてソシエダに派遣。５選手はソシエダのＢチームやアカデミーの練習に参加し、技術向上を図った。１１月にはＭＦ玄理吾が派遣され、Ｂチームの練習に参加した。

提携は若手選手の育成強化などを目的に締結された。練習に参加した選手は身体能力やボールを奪い合う強さ、練習に臨む意識などで自身との差を感じた一方、技術面では負けなかったという手応えも感じ「さらに成長したい」と決意を新たにしていた。

選手の派遣以外にも、ソシエダの幹部が来日して徳島の練習やスタジアムを視察したり、アカデミー生を指導したりしている。ソシエダで国際部門を統括し、提携締結に尽力したマヌエル・メリノ・アリスメンディ氏は「徳島のアカデミーに我々の方法論を伝え、一人でも多くトップチームに昇格してくれたらうれしい。良い選手が徳島で育てば、ソシエダに入ってもらいたい」と話している。

第39節　10/22(日)
鳴門ポカリスエットスタジアム
HOME

●徳島 0－3 磐田○

この試合後の順位 16位／22

決定機逃し、カウンターに沈む

前半、西谷が豪快なシュートを放つも決めきれず

後半、杉森が果敢にシュートを放つ

前半に２点を奪われる今季初めての展開。さらに極め付けは後半２分の３失点目。Ｊ１自動昇格へ目の色を変える４位磐田を相手に、４点取らないと勝てない状況はあまりに厳しすぎた。

受け身にならず立ち向かう―。そのために、チームはサイドでの起点のつくり方や敵陣での崩し方など、攻撃に重点を置いて磐田戦の準備を進めてきた。最終ラインは相手のプレスをぎりぎりまで引き付け、空いたスペースを使ってパスをつなぐ。前半立ち上がりは距離感よく滑らかに連動してゴールに向かった。

ただ、磐田はボールを奪うと素早く、人数をかけて攻め込んできた。７分、１３分にカウンターから失点。早々に２点を追うことになった。それでも安部は「１点返せば流れは変えられると感じていた」という。

３２分に森海のヘディング、直後のＣＫからの安部のシュートはいずれも枠を捉えながらＤＦにかき出された。前半のボール支配率は７０％を超え、シュートは９本、ＣＫは６本。押し込みながらも中央を堅く閉ざす磐田のゴールを割れないまま折り返すと、後半早々に重い３失点目を喫した。

後半１２分の左足シュートをＧＫに阻まれた西野は「チャンスは多かったし、決め切りたかった。決定力の差が出てしまった」と唇をかんだ。

Ｊ３降格圏の２１位大宮が４連勝して勝ち点３９とし、差は５に縮まった。残留に向けて有利な状況に変わりはないが、土壇場で意地を見せる大宮の勢いを考えると、次の長崎戦での連敗だけは避けたい。

39節　10月22日（日）　14:00 KO

鳴門ポカリスエットスタジアム（7,828人）

徳島	HOME	磐田
9勝17分13敗 勝点44	0（0−2 / 0−1）3	19勝11分9敗 勝点68

	徳島		磐田	
SH 13	スアレス	GK	三浦	SH 9
CK 9	森昂	DF	鈴木雄	CK 5
FK 11	内田	DF	伊藤槙	FK 10
PK 0	安部	DF	リカルドグラッサ	PK 0
	白井	MF	松原	
	永木	MF	鹿沼	
	西野	MF	上原	
	西谷	MF	松本	
	杉本	MF	山田	
	杉森	FW	ドゥドゥ	
	森海	FW	ジャーメイン	

得点者

徳島	磐田
	ドゥドゥ（7） 上原 力也（6） 松本 昌也（7）

交代

徳島	磐田
▼杉森▲高田	▼山田▲藤川
▼森海▲渡	▼鹿沼▲藤原
▼杉本▲柿谷	▼上原▲小川
▼西野▲玄理吾	▼鈴木▲古川
▼森昂▲田向	▼松本▲ゴンザレス

第40節 10/28(土) AWAY
トランスコスモススタジアム長崎

○徳島 2－1 長崎●

この試合後の順位 15位／22

逆転勝利で残留王手

後半、勝ち越しゴールを決めた白井に駆け寄る選手

シュートは両チーム合わせて３２本。激しい打ち合いを制し、残留に「王手」をかけた。最後まで走り抜き、Ｊ１昇格を諦めていない長崎の圧力をはね返した。

長身で体の強い外国籍選手を中央に、スピード豊富な選手をサイドに配する長崎。中盤では体をぶつけられて体勢を崩され、思うようにパスをつなげない。前半１１分に先制を許し、劣勢が続くかと思われたが、逆に選手の闘志に火が付いた。

丁寧につなぎながら前線の選手は守備陣の背後を狙い、一瞬の隙をうかがう。中盤より後ろもスペースがあれば果敢にミドルシュートを放った。

ショートＣＫのクリアボールを安部が頭で合わせた同点弾もしたたかさから生まれた。「ニアサイドの選手が頭で上にクリアしたボールをＧＫがキャッチする場面が手前にもあったので、とにかく早く落下点に入ることを意識した」と安部。Ｊ通算１００試合目の節目に、狙って奪ったゴールを誇らしそうに語った。

今節に向けた練習ではレギュラー組、控え組の双方がテンション高く、いい準備ができたと吉田監督は言う。選ばれて長崎に来た選手は徳島に残った選手の思いも背負ってピッチを駆け、体をぶつけた。長崎に打たれたシュートは１８本。うち終盤の２本はポストをたたいた。白井は「最後の一歩を寄せられたのが良かった」と全員の粘りを勝因に挙げた。

試合の中で修正すべきことを修正し、前回０―４で大敗した強敵に雪辱した。白井は「勝利で得たものは大きい。自信につなげたい」と話した。

40節　10月28日(土)　14:00 KO

トランスコスモススタジアム長崎(8,010人)

徳島	AWAY	長崎
10勝17分13敗 勝点47	2 (1-1 / 1-0) 1	16勝11分13敗 勝点59

	徳島		長崎	
SH 14	スアレス	GK	波多野	SH 18
CK 5	森昂	DF	増山	CK 5
FK 15	内田	DF	櫛引	FK 13
PK 0	安部	DF	白井	PK 0
	白井	MF	米田	
	永木	MF	カイオセザール	
	西野	MF	鍬先	
	西谷	MF	マテウスジェズス	
	杉本	MF	マルコスギリェルメ	
	杉森	FW	フアンマ	
	柿谷	FW	沢田	

得点者

徳島	長崎
安部 崇士(3) 白井 永地(2)	カイオセザール(2)

交代

徳島	長崎
▼柿谷▲森海	▼沢田▲松沢
▼杉本▲田向	▼カイオセザール▲都倉
▼杉森▲坪井	▼マルコスギリェルメ▲名倉
▼西野▲浜下	▼鍬先▲安部
▼西谷▲櫻井	

後半、必死の守りを見せる安部

第41節　11/4(土)　HOME
鳴門ポカリスエットスタジアム

▲徳島　0－0　藤枝▲

この試合後の順位　**13位**／22

積極攻撃実らず　無得点ドロー

前半、果敢にシュートを放つ杉森

41節　11月4日(土)　14:00 KO				
鳴門ポカリスエットスタジアム(8,004人)				
徳島 10勝18分13敗 勝点48		HOME 0(0-0 0-0)0		藤枝 14勝10分17敗 勝点52
SH 16 CK 5 FK 12 PK 0	スアレス	GK	北村	SH 10 CK 3 FK 9 PK 0
	森昂	DF	中川創	
	石井	DF	川島	
	田向	DF	鈴木	
	白井	MF	久富	
	永木	MF	水野	
	西野	MF	西矢	
	西谷	MF	榎本	
	杉本	MF	アンデルソン	
	杉森	FW	横山	
	森海	FW	矢村	
得点者				
交代				
▼田向▲外山 ▼杉森▲高田 ▼杉本▲渡 ▼森海▲坪井			▼横山▲大曽根 ▼矢村▲中川風 ▼アンデルソン▲新井 ■中川	

苦しみ抜いた今季、最後のホーム戦くらいは勝ちたかった。最後まで足を止めず、１６本のシュートを放ったものの、ネットを揺らせないまま無得点で引き分け。ただ、気迫は伝わったのか、精も根も尽き果てたようにピッチに座り込む選手たちにスタンドからは大きな拍手が送られた。

勇気を持って最終ラインを高く上げ、近い距離でパスをつなぐ。激しく体をぶつけてくる藤枝のプレスをかわしながら前進し、時折混ぜるロングボールが効果的に働いた。前線の選手は何度も背後のスペースに抜け出して好機を築いた。前半３９分に藤枝のＤＦが２枚目の警告を受けて退場した後はがぜん攻勢を強めるかと思いきや、勝負の世界はそう甘くなかった。

「後半は相手も勝ち点１を持ち帰る戦い方に切り替え、中を締めて必死に守ってきた」と攻守に奔走した永木。中盤でのこぼれ球争いを制して敵陣に押し込み続けたものの、ラストパスやシュートの場面で粘り強く守り切られた。

その一方で、集中を保ち、カウンターを狙う藤枝の攻撃を無失点に抑えた。今季限りの現役引退を発表している石井は、声やジェスチャーで最終ラインを統率。速攻を受け１対１になっても、クロスを放り込まれても、豊富な経験に基づく読みで先にボールに触り、ピンチの芽を摘んだ。

「あと１試合、最後まで熱く戦う」。試合後のセレモニーに臨んだ石井は感謝を伝え、完全燃焼を誓った。この試合には８千人余りが駆け付け、今季の平均来場者数はＪ２で過去最多の５９７６人となった。望んだ成績が出なくとも愛情を絶やさないサポーターに、せめて最後に白星をささげたい。

後半、相手の激しいプレスを受ける渡

ホーム最終戦のセレモニーで横断幕を掲げるサポーター

今季のMIPに選ばれた西谷

あいさつする吉田監督

今季で現役を引退する石井

第42節　11/12(日)
ソユースタジアム
AWAY

▲徳島　**1 – 1**　秋田▲

この試合後の順位　**15位**／22

後半、相手の攻撃を防ぐ永木ら

終了間際、意地の同点弾

42節　11月12日(日)　13:00 KO		
ソユースタジアム(3,375人)		
徳島 10勝19分13敗 勝点49	**AWAY** 1(0–0 / 1–1)1	**秋田** 12勝15分15敗 勝点51

徳島		ポジション	秋田	
SH 12	田中	GK	囲	SH 12
CK 4	森昂	DF	高田	CK 8
FK 9	内田	DF	小柳	FK 11
PK 0	外山	DF	河野	PK 0
	白井	MF	才藤	
	永木	MF	諸岡	
	西野	MF	藤山	
	西谷	MF	中村	
	杉森	MF	畑	
	棚橋	FW	斉藤	
	森海	FW	青木	

得点者

徳島	秋田
森 海渡PK(13)	オウンゴール

交代

徳島	秋田
▼棚橋▲高田	▼青木▲丹羽
▼杉森▲渡	▼中村▲三上
▼西野▲田向	▼斎藤▲梶谷
▼外山▲坪井	▼畑▲沖野
	▼諸岡▲田中

今季最終戦が引き分けに終わり肩を落とす選手たち

今季最終戦の秋田戦の応援に駆け付けた徳島サポーター

秋田まで応援に駆け付けたサポーター

負けなかったから良しとはできない。しかし、最後にＦＷ森海が１３点目のゴールを決めて引き分けに持ち込み、得点ランキング日本人トップタイに並んだのはせめてもの救いとなった。

気温４度。激しい雨。滑りやすいピッチ。過酷な条件下で前半は連係ミスが相次いだ。カウンター主体の秋田にいいようにつながれ、再三シュートチャンスを与えた。前半は切り抜けたが、後半開始早々の大事な時間帯にＣＫから失点。ジャンプした相手の後ろにいた森海に当たってオウンゴールとなってしまった。

過去３度の対戦全てが０―０の秋田から１点も取れずに終われない―。そんな意地がプレーに表れた。流れをつくったのは交代選手。髙田が得意のドリブルで突き進み、２３分には田向、３３分には渡が相手ゴールを脅かすシュートを放った。

クロスを放り込み、前半３本に封じられたシュートは後半９本。リスクを負って攻勢に出た成果は、ロスタイム４分、森海のＰＫ獲得という形で表れた。「使い続けてくれた監督の期待に応えたかった」。エースストライカーはＧＫの動きを冷静に見てネットを揺らし、秋田から１ゴールと勝ち点１をもぎ取った。

Ｊ１復帰という目標とは裏腹に、最終盤まで残留争いに巻き込まれ、Ｊ２が２２クラブ制となって以降、クラブワーストタイの１５位で終えた。７カ月ぶりの出場ながら決定機を何度も阻止し、成長の跡を見せたＧＫ田中は「厳しいシーズンになった。サポーターの思いをくみ取り、それを原動力に頑張っていく」。どん底とも言える一年で味わった悔しさを来季につなげる。

天皇杯

2023 EMPEROR'S CUP

徳島は３回戦敗退　１６強ならず

サッカーの第１０３回天皇杯全日本選手権に２回戦から出場した徳島ヴォルティスは６月７日、鳴門ポカリスエットスタジアムでＪ２いわきと対戦し、延長戦の末に２―１で逆転勝ちした。7月１２日の３回戦は同スタジアムでＪ１柏に0―２で敗れ、１６強入りはならなかった。

2回戦

延長後半、千葉が勝ち越しゴールを決める

天皇杯2回戦　6月7日(水)　19:00 KO

鳴門ポカリスエットスタジアム(1,441人)

	徳島	HOME 2 (0-0 / 1-1 / 0-0 / 1-0) 1	いわき	
SH 16	田中	GK	田中	SH 9
CK 9	田向	DF	宮本	CK 15
FK 17	内田	DF	速水	FK 14
PK 0	長谷川雄	DF	江川	PK 0
	児玉	DF	河村	
	山下	MF	加瀬	
	櫻井	MF	芳賀	
	西坂	MF	下田	
	外山	MF	永井	
	渡	FW	吉澤	
	千葉	FW	坂元	

得点者

徳島	いわき
棚橋 尭士 千葉 寛汰	遠藤 凌

交代

徳島	いわき
▼渡▲棚橋	▼坂元▲有田
▼外山▲西谷	▼吉澤▲谷村
▼西坂▲坪井	▼下田▲山下
▼内田▲石井	▼永井▲山口
▼田向▲髙田	▼加瀬▲宮崎
▼石井▲中野	

3回戦

天皇杯3回戦　7月12日(水)　19:00 KO

鳴門ポカリスエットスタジアム(1,682人)

	徳島	HOME 0 (0-1 / 0-1) 2	柏	
SH 3	田中	GK	守田	SH 9
CK 9	内田	DF	川口	CK 10
FK 13	長谷川雄	DF	古賀	FK 10
PK 0	田向	DF	田中	PK 0
	櫻井		三丸	
	浜下	MF	山本	
	山下	MF	仙頭	
	中野	MF	高嶺	
	高田	MF	落合	
	千葉	FW	山田	
	渡	FW	真家	

得点者

徳島	柏
	真家 英嵩(2)

交代

徳島	柏
▼内田▲外山	▼田中▲土屋
▼中野▲エウシーニョ	▼真家▲細谷
▼千葉▲棚橋	▼落合▲武藤
▼山下▲児玉	▼山田▲サヴィオ
▼髙田▲西坂	▼川口▲岩下
	▼仙頭▲熊澤

後半、ドリブルで攻め上がる西坂

ヴォルタくん
and
ティスちゃん

ホセ アウレリオ スアレス GK 1

JOSE AURELIO SUAREZ

PROFILE

1995年12月18日
スペイン出身
187cm／85kg

今季を振り返って

今季も絶対的守護神として活躍した。抜群の反応速度と予測能力で好セーブを連発し、何度もチームの窮地を救った。神懸かったセービングは相手サポーターも絶賛するほど。足元の技術の高さを生かし、組み立ての起点にもなった。

田中 颯 GK 21

HAYATE TANAKA

PROFILE

1999年6月10日
東京都出身
184cm／82kg

今季を振り返って

２年目の今季、スアレスがけがで欠場した４節東京Ｖ戦でプロデビューを果たすと、その後の５試合と最終節でゴールを守った。天皇杯にも２試合出場。持ち味であるコーチングとシュートストップに磨きをかけ、来季は正ＧＫの座を狙う。

長谷川 徹 GK 31

TORU HASEGAWA

PROFILE

1988年12月11日
愛知県出身
187cm／75kg

今季を振り返って

徳島で最長となる在籍１３年目の今季は、出場機会に恵まれなかったものの、リーグ戦７試合、天皇杯１試合でベンチ入りし、仲間を鼓舞した。練習では確かなセービング力を披露しており、ベテランになっても技術の衰えを感じさせない。

後東 尚輝 GK 40

NAOKI GOTO

PROFILE

2002年4月26日
徳島県阿南市出身
187cm／74kg

今季を振り返って

関東１部・栃木シティフットボールクラブで約５カ月間の武者修行を終えて１月に復帰した。ヴォルティスユースからトップ昇格した逸材は先輩ＧＫと練習に励み、レベルアップを図った。プロ４年目となる来季、リーグデビューを目指す。

田向 泰輝 DF 2

TAIKI TAMUKAI

PROFILE

1992年3月24日
茨城県出身
175cm／69kg

今季を振り返って

左サイドバックとして開幕戦から先発に名を連ねたものの、３バックへのシステム変更やけがなどでシーズンが進むとともに出場機会を減らしていった。戦術理解度の高さはチーム屈指で、出場した１２試合は粘り強い守りを見せた。

石尾 崚雅 DF 3

RYOGA ISHIO

PROFILE

2000年5月18日
大阪府出身
183cm／76kg

今季を振り返って

１対１や空中戦が強く、１２節磐田戦以降はセンターバックの一人として定着。守備陣に離脱者が相次いだ今季の終盤は右サイドバックで起用され、積極的に前線へ駆け上がったほか、ヘディングで２得点を記録し、攻撃力の高さも示した。

安部 崇士　DF 4

TAKASHI ABE

PROFILE

1997年7月15日
大阪府出身
180cm／74kg

今季を振り返って

センターバック、左サイドバックとして開幕から主力の一人として稼働。左足での正確なフィードで好機を演出したほか、セットプレーなどで３点を記録した。守っては体の強さを武器に相手の突進を阻み、クロスをはね返し続けた。

石井 秀典 C　DF 5

HIDENORI ISHII

PROFILE

1985年9月23日
千葉県出身
180cm／70kg

今季を振り返って

チーム最年長の３８歳は２年連続となる主将を務めた。左ヒラメ筋の負傷などで離脱期間は長かったが、若手を鼓舞し、チームの精神的支柱となった。今季限りで引退となったが終盤に先発出場の機会をつかんだ時には闘志あふれる守りを見せた。

エウシーニョ　DF 18

ELSINHO

PROFILE

1989年11月30日
ブラジル出身
180cm／78kg

今季を振り返って

故障がちで出場と離脱を繰り返した。ただ、ピッチに立った９試合は独特のリズムのドリブルで相手ＤＦを抜き去り、精度の高いクロスでチャンスメーク。右足の手術で９月に帰国。試合に出れば相手の脅威になるだけに復帰が待たれる。

ルイズミ ケサダ　DF 22

LUISMI QUEZADA

PROFILE

1996年2月11日
スペイン出身
173cm／69kg

今季を振り返って

名門レアル・マドリードの下部組織出身。加入１年目の今季は、筋肉系のけがで１０試合の出場にとどまったものの、左足からのピンポイントクロスは徳島の攻撃を活性化させた。突破力も高く、ドリブルで複数のＤＦを抜く場面もあった。

森 昂大　DF 26

KODAI MORI

1999年4月27日
長野県出身
183cm／74kg

今季を振り返って

昨季はリーグ戦の出場機会がなかったが、今季は３２試合でピッチに立った。センターバックながら足技が巧みで、後方からの組み立ての起点となった。ペナルティーエリア内では体を投げ出して何度もシュートを阻み、最後のとりでとなった。

西坂 斗和　DF 28

TOWA NISHISAKA

PROFILE

2004年6月24日
大阪府出身
177cm／63kg

今季を振り返って

名門・履正社高出身のルーキー。天皇杯２試合に出場し、運動量豊富に上下動を繰り返して鋭い突破を見せた。春にはクラブと育成業務提携を結ぶレアル・ソシエダードの練習に参加し、自らの課題に向き合った。来季を飛躍の１年にする。

吹ケ 徳喜 DF 41

NORIKI FUKE

PROFILE

1997年7月22日
三重県出身
174cm／67kg

今季を振り返って

Ｊ３今治から今季復帰したものの、けがの影響で調整が遅れて出場のチャンスをつかみ取れず、無念さが募るシーズンとなった。２０２１年のＪ１在籍時にリーグ戦５試合に出場した左サイドバックは、惜しまれながら徳島を去った。

内田 航平 MF 6

KOHEI UCHIDA

PROFILE

1993年5月19日
埼玉県出身
175cm／69kg

今季を振り返って

守備陣を束ねる役割を担いながら、前方に隙を見付けると自らボールを運び、攻撃参加。また、武器であるロングフィードで局面を変える場面も目立った。肉離れでシーズン中盤に一時離脱したものの、守備の大黒柱は今季も健在だった。

白井 永地 MF 7

ELSINHO

PROFILE

1995年9月26日
千葉県出身
176cm／69kg

今季を振り返って

２年連続でチーム唯一のリーグ戦全試合出場を果たした。無尽蔵のスタミナを生かしてピッチを走り回り、徳島のパスサッカーの「心臓」を担った。ボールを持って前を向けば自ら持ち上がり、正確なパスを供給し、シュートを狙った。

杉本 太郎 MF 10

TARO SUGIMOTO

PROFILE

1996年2月12日
岐阜県出身
162cm／62kg

今季を振り返って

昨夏４年ぶりに徳島に復帰し、今季は「１０番」を背負った。チームで最も小柄ながら、複数の相手に囲まれてもボールを保持する体の強さと足元の技術で組み立てを支える。守備では相手に激しく体を当ててボールを奪い、前線につないだ。

杉森 考起 MF 11

KODAI MORI

1997年4月5日
愛知県出身
174cm／67kg

今季を振り返って

昨季は主力として活躍しながら今季はけがに苦しんだ。それでも本格復帰した３８節熊本戦では、３人を置き去りにする鋭いドリブル突破やミドルシュートで見せ場をつくった。その後も守備の壁をくぐり抜ける切れのある動きを随所に見せた。

長谷川 雄志 MF 13

YUSHI HASEGAWA

PROFILE

1996年12月6日
鹿児島県出身
178cm／77kg

今季を振り返って

本職はボランチだが、今季はセンターバックでも起用され、体を張って相手の突進を阻んだ。両足のキック精度の高さが強みで、ＣＫやＦＫのキッカーも務めた。来季はリーグ戦１２試合、天皇杯２試合にとどまった悔しさを晴らす。

児玉 駿斗 MF 20
SHUNTO KODAMA

PROFILE

1998年12月3日
大阪府出身
166cm／62kg

今季を振り返って

インサイドハーフとして２０試合に出場した。敵陣を切り裂く速いスルーパスや相手のタイミングをずらす柔らかなパスを自在に繰り出した。運動量もチーム屈指で、前線から献身的にプレスに走り、相手の組み立てを乱した。

玄 理吾 MF 23
HYON RIO

PROFILE

2003年12月30日
兵庫県出身
171cm／61kg

今季を振り返って

加入２年目。主にインサイドハーフとして相手を翻弄（ほんろう）するフェイントや精度の高いクロス、コースを予測したパスカットなどで攻守に貢献した。リーグ戦の出場試合数は、昨季の１４から１９に増え、確かな成長を示した。

西谷 和希 MF 24
KAZUKI NISHIYA

PROFILE

1993年10月5日
栃木県出身
165cm／65kg

今季を振り返って

左サイドを主戦場にするドリブラー。敵陣深くからクロスを上げるのはもとより、内側に切り込んで利き足の右足で強烈なシュートも狙う。守備強度も高く、執拗（しつよう）に相手を追ってボールを奪ったり、パスミスを誘ったりした。

山下 雄大 MF 25
YUDAI YAMASHITA

PROFILE

2000年8月23日
千葉県出身
179cm／72kg

今季を振り返って

早大から今季加入したボランチ。開幕戦で途中交代ながら出番をつかんだものの、その後は出場機会に恵まれずリーグ戦５試合、天皇杯２試合で今季を終えた。威力のある左足でのミドルシュートや展開力の高さが魅力だ。

櫻井 辰徳 MF 27
TATSUNORI SAKURAI

2002年7月26日
埼玉県出身
178cm／68kg

今季を振り返って

加入２年目。ボランチとして開幕から２戦連続で先発したものの、最終的にリーグ戦出場は昨季より８少ない１８試合にとどまった。それでも両足での正確なキックや粘り強い守備への評価は高く、１列高いインサイドハーフ起用も多かった。

外山 凌 MF 32
RYO TOYAMA

PROFILE

1994年7月29日
東京都出身
177cm／69kg

今季を振り返って

松本から今季加入した攻撃的なサイドバック。前への意識が高く、相手陣内深くに切り込んでは両足でクロスやシュートを積極的に狙った。得点力の高さも売りだったが今季は無得点。来季こそ徳島での初ゴールをマークする。

中野 桂太 MF 33
KEITA NAKANO

PROFILE

2002年8月27日
滋賀県出身
167cm／65kg

今季を振り返って

京都から今季加入。ドリブルやパスの技術に優れ、利き足の左足で威力あるシュートを放つ。けがの影響で徳島デビューが遅れ、出場はリーグ戦６試合、天皇杯２試合にとどまった。コンディションを万全にし、来季は出場機会をつかむ。

浜下 瑛 MF 37
AKIRA HAMASHITA

PROFILE

1995年7月5日
広島県出身
164cm／61kg

今季を振り返って

右サイドアタッカーが本職ながら、サイドバックやウイングバックも器用にこなす。小回りの利くドリブルと一瞬のスピードを生かした突破が持ち味。序盤９試合に出場した後は出られない時期が続いたが、終盤戦で再びチャンスをつかんだ。

永木 亮太 MF 54
RYOTA NAGAKI

PROFILE

1988年6月4日
神奈川県出身
175cm／67kg

今季を振り返って

３１節山口戦から徳島に加わった。激しい寄せで相手からボールを奪ったほか、こぼれ球の回収にも尽力。カウンターの起点となる献身的なプレーは、低迷していたチームに活力を与え、終盤で勝ち点を上積みさせた立役者にもなった。

柿谷 曜一朗 FW 8
YOICHIRO KAKITANI

PROFILE

1990年1月3日
大阪府出身
176cm／68kg

今季を振り返って

１２年ぶりに復帰し、Ｊ２で自己最高の７得点を記録。ベテランになっても変わらぬ攻撃センスと技術の高さを示した。守備でも奔走し、相手の決定的なシュートを何度もはね返した。窮地に立たされても仲間を鼓舞し、チームをけん引した。

森 海渡 FW 9
KAITO MORI

2000年6月7日
千葉県出身
185cm／80kg

今季を振り返って

強烈な右足でのミドルシュートを武器に得点ランク日本人トップタイの１３点を記録。相手守備の背後を狙う動きも鋭く、柿谷と２トップを組むと巧みな連係で攻めに厚みをもたらした。終盤はポストプレーに磨きをかけ、攻撃の起点になった。

棚橋 尭士 FW 15
AKITO TANAHASHI

PROFILE

2000年7月12日
東京都出身
172cm／68kg

今季を振り返って

シュート、ドリブル、クロス、プレス、背後への抜け出し。どれも高い技術やセンスを持ち、その万能性から周囲をサポートしながら得点を狙うシャドーストライカーの役割もこなした。ただ、途中出場が多く、来季は先発の座を狙う。

渡 大生 FW 16

DAIKI WATARI

PROFILE

1993年6月25日
広島県出身
176cm／70kg

今季を振り返って

６年ぶりに復帰し、キャンプから高い身体能力と素早い反応を披露。ピッチでは豪快なダイレクトプレーで観客を沸かせ、ベンチでは誰よりも声を上げた。３２試合に出場しながら１得点に終わった悔しさをばねに、来季はゴール量産を誓う。

髙田 颯也 FW 17

SOYA TAKADA

PROFILE

2001年8月15日
埼玉県出身
180cm／64kg

今季を振り返って

Ｊ２大宮から期限付き移籍で今季加入した。独特なリズムのドリブルでサイドを駆け、相手守備網を突破。途中起用の短い出場時間ながら攻撃にアクセントを加えた。課題である対人守備の強度を高め、レギュラー定着を目指す。

坪井 清志郎 FW 30

KIYOSHIRO TSUBOI

PROFILE

2000年2月1日
富山県出身
178cm／73kg

今季を振り返って

本職はＦＷながら体の強さと粘り強い守備能力を買われ、中盤で多く起用された。シュート精度も高く、遠めから２ゴールを挙げた。さまざまなポジションをこなした経験を糧に、来季は定位置を確保し、先発出場を増やしたい。

西野 太陽 FW 39

TAIYO NISHINO

PROFILE

2002年8月10日
徳島県徳島市出身
180cm／65kg

今季を振り返って

勝負の年と位置づけたプロ３年目。開幕から２戦連続の得点でアピールした後は、スピードと豊富なスタミナを生かして右ウイングバックとして活躍。守備能力やクロス精度は試合を重ねるごとに成長し、終盤はサイドバックをこなした。

6/29 FW 勝島 新之助 ジローナFC B（スペイン）へ完全移籍
7/19 FW 千葉 寛汰 清水へ復帰
8/1 FW オリオラ サンデー ヴァンラーレ八戸（J3）へ期限付き移籍
7/7 FW 鈴木 輪太朗 イブラヒーム ジローナFC B（スペイン）へ期限付き
7/21 DF カカ アトレチコ・パラナエンセ（ブラジル）へ期限付き移籍
9/6 MF 森田 凜 奈良クラブ（J3）期限付き移籍

監督
吉田 達磨
1974年6月9日／埼玉県出身
1993年から2002年まで柏や京都、山形などでMFとして活躍。2003年に指導者に転身し、09年まで柏の下部組織でコーチや監督を務めた。10年以降は柏の強化部長などを経て15年にトップチームの監督となった。その後は新潟、甲府、シンガポール代表監督を歴任。22年に甲府を率いた際に、J2クラブとして2度目の天皇杯制覇を達成。前監督の解任に伴い、23年8月から徳島ヴォルティス監督。

ヘッドコーチ
甲本 偉嗣
1979年10月3日／北海道出身
神奈川県社会人1部の東海FCウイングスでプレー。2002年に東海大コーチ。京都コーチ、湘南テクニカルコーチを経て11年から徳島ヴォルティスコーチ。20年からヘッドコーチ。

GKコーチ
中河 昌彦
1969年8月26日／大阪府出身
国士舘大、横浜フリューゲルス、横浜M、京都、名古屋などでプレー。ナショナルトレセンGKコーチやU-15日本代表GKコーチなどを経て2009年に徳島加入。湘南、国士舘大などを経て16年から再び徳島ヴォルティス。

コーチ
山口 将弥
1996年7月23日／東京都出身
日本大学生コーチ、筑波大コーチ、日体大分析コーチを経て2022年に徳島ヴォルティスアシスタントコーチ。23年からコーチ。

コーチ
古川 毅
1972年9月21日／青森県出身
徳島ヴォルティスの前身である大塚製薬や札幌、山形でプレー。東洋大監督や横浜FCコーチ、相模原ヘッドコーチなどを経て2023年から徳島ヴォルティス。

アシスタントコーチ
シシーニョ
1986年4月22日／スペイン出身
MFとしてスペインのレアルバリャドリードなどで活躍し、2018年から2年間徳島ヴォルティスでもプレー。22年にレアルバリャドリードの11歳～17歳巡回コーチとなり、23年から徳島ヴォルティス。

アナリスト
中島 瑛
2001年3月16日／東京都出身
2022年に横浜国立大アナリスト。23年から徳島ヴォルティス。

リハビリテーションフィットネスコーチ
長谷 篤
1982年3月8日／岡山県出身
2004年、INACレオネッサのフィジカルコーチを皮切りに、栃木フィジカルコーチなどを経て20年から徳島ヴォルティス。

チーフトレーナー
鈴木 章史
1975年8月30日／静岡県出身
2003年、バドミントンのナショナルチームトレーナー。山形、東京V、栃木などを経て16年から徳島ヴォルティス。

トレーナー
前原 久昭
1986年5月28日／鹿児島県出身
2007年、筑陽学園高トレーナー。群馬のアスレチックトレーナーを経て17年から徳島ヴォルティス。

トレーナー
星野 雄太
1989年4月25日／東京都出身
カバディ日本代表トレーナー、ヨネックス女子バドミントンチームトレーナーなどを経て2020年から徳島ヴォルティス。

トレーナー
斎藤 健太
1994年5月28日／神奈川県
神奈川大トレーナー、愛媛FCトレーナーを経て2023年から徳島ヴォルティス。

マネージャー
阿部 雄介
1985年7月7日／徳島県出身
日本文理大でプレーし、2011年から徳島ヴォルティス。

アシスタントマネージャー
石井 佑耶
1994年11月1日／千葉県出身
2015年から20年まで水戸で主務を担い、21年から徳島ヴォルティス。

アシスタントマネージャー
菅原 大輝
2000年11月23日／大阪府出身
2021年から徳島ヴォルティス。

通訳
深澤 仁博
1977年7月12日／静岡県出身
横浜Fマリノスや新潟のほか、アルゼンチンやカナダ、タイ、カンボジアなどのチームでプレーし、2020年から徳島ヴォルティス。

通訳
小澤 哲也
1987年4月26日／静岡県出身
藤枝明誠高卒業後、単身スペインに渡り、地域リーグでプレー。2019年から鈴鹿、琉球で通訳を務め、23年から徳島ヴォルティス。

通訳
畠本 フェレイラ 真之
1996年1月25日／群馬県出身
2016年から群馬、山口で通訳。23年から徳島ヴォルティス。

通訳
布目 浩樹
1987年8月21日／愛知県出身
スペインのCDトレドの下部組織アシスタントコーチなどを経て2023年から徳島ヴォルティス。

徳島ヴォルティス2023シーズンの軌跡

2022年12月

スペイン１部のレアル・ソシエダードと育成業務提携

J2徳島ヴォルティスは19日、スペイン1部のレアル・ソシエダードと、選手や指導者らが交流を深めて強化につなげる育成業務提携を結んだと発表した。提携期間は3年間で、世界最高峰クラブのノウハウを学び、若手選手を育ててチームを強化する育成型クラブとしての発展を目指す。

提携では若手選手の育成プログラムとして、両クラブ間のトップチームの選手の個人留学や、アカデミー（ユースやジュニアユース）の遠征などをする。指導者も留学や視察を通じ、育成法やコーチングのスキルの情報共有を図る。

レアル・ソシエダードは、1909年に創設された伝統クラブ。トップチームの半数以上を育成組織出身者が占めるなど若手育成に定評があることから、徳島が提携を持ち掛けて実現した。

2023年1月

FW佐藤が引退

J2徳島ヴォルティスは5日、契約満了に伴い昨季限りで退団したＦＷ佐藤晃大（36）の現役引退を発表した。今後は徳島のフロントスタッフ（営業推進部）として新たなスタートを切る。

2009年に東海大から徳島に入団した佐藤は3年間プレーした後、12年にJ1のG大阪に移籍し、このシーズンはリーグ戦26試合に出て11得点と活躍した。15年に徳島に復帰し、昨季まで通算11シーズンを過ごした。リーグ戦の通算出場試合数はJ1で54試合（13得点）、J2では205試合（28得点）だった。

懸命にプレスに走り、184センチの体格を生かしたポストプレーで前線の起点となった。けがに泣いたシーズンもあったが、日ごろからサッカーに真摯（しんし）に取り組むことでチームに好影響を与え、ピッチに立つと泥くさくボールを追ってファン・サポーターを魅了した。

元日本代表FW柿谷が12年ぶりに復帰

J2徳島ヴォルティスは6日、元日本代表でJ1名古屋のFW柿谷曜一朗（33）を完全移籍で獲得したと発表した。徳島に2009～11年に在籍して中心選手として活躍しており、12年ぶりの復帰となる。背番号は8に決まった。

大阪府出身でJ1のC大阪の下部組織で育った柿谷は、16歳だった06年に初めてJ1戦に出場。徳島には09年6月に期限付き移籍し、11年までプレーした。名古屋に入り2年目の昨季は、リーグ戦21試合、ルヴァン・カップ6試合、天皇杯2試合に出場。昨年3月26日のルヴァン・カップ徳島戦では得点している。

卓越した足元の技術を誇り、柔らかいボールタッチを見せて巧みなドリブル突破を図るほか、精度の高いラストパスやシュートを放つ。守備でも貢献し、前線から激しくプレスを掛ける。J1通算238試合（52得点）、J2通算168試合（23得点）に出ており、14年のワールドカップ（W杯）ブラジル大会は日本代表として出場した

新体制発表、スローガンは「志士」に

J2徳島ヴォルティスは9日、徳島市のアスティとくしまで2023年シーズンの新体制発表会を開いた。今季から指揮を執るスペイン人のベニャート・ラバイン監督（35）が「素晴らしい選手たちと一緒に戦えるのが非常に楽しみ」と述べ、勢ぞろいした選手たちと共に目標の「J1復帰」に向けた強い決意を示した。

新加入選手を含む37選手とスタッフのうち、約50人が出席した。ラバイン監督はこれまで同様に若い才能を発掘してチームをつくり、「これが徳島だと感じてもらえるようなサッカーを追求していく」と説明。その上で「常に立ち向かい、ボールを持っている時、持っていない時にかかわらず相手を支配していく」と語った。選手には1対1の強さとともに、「反逆者であれ」として自らの判断で予想を超えるプレーができるよう求めた。

岸田一宏社長が、クラブスローガンを「志士（しし）」と発表。高い志を持って目標に進むと説明し、「J1復帰という明るい未来に向けて皆さんと歩んでいく」とあいさつした。力強い鳴門の渦潮をモチーフにデザインされ、ホーム戦用は「勝ち色」と呼ばれる濃紺を採用した公式戦用の新ユニホームも披露された。

新体制発表会は新型コロナウイルス感染防止のため、過去2年は観客を入れずにオンライン開催されたが、3年ぶりに有観客で行われた。約1500人のサポーターが訪れ、大きな拍手で選手らにエールを送った。

高知市でキャンプイン

J2徳島ヴォルティスは12日、高知市の春野総合運動公園球技場で１次キャンプに入った。スペイン人のベニャート・ラバイン新監督の下、新加入11選手を迎えたチームはフィジカル強化やボールワークに汗を流し、J1昇格に向けた準備をスタートさせた。

選手はサーキットトレーニング、ペース走に続いて11人対11人の実戦形式に取り組んだ。ラバイン監督は「勇敢に戦う」をテーマに掲げており、選手は早速球際の強さを意識し、激しくボールを奪い合っていた。

キャンプ初日を終え、ラバイン監督は「良いトレーニングができた。サポーターに満足してもらえるようしっかり取り組んでいきたい」と話した。

キャンプは3年ぶりに一般公開され、同球技場のスタンドにはトレーニングの様子を見守る約40人のサポーターの姿があった。

高知市での1次キャンプは15日まで。2次キャンプは18～29日に宮崎市のひなた県総合運動公園ラグビー場で行い、戦術の浸透を図っていく。

2023年2月

主将に石井、副主将に柿谷ら4人

J2徳島ヴォルティスは8日、今季の主将にDF石井秀典（37）を選んだと発表した。昨年に続き2回目。副主将はFW柿谷曜一朗（33）、MF西谷和希（29）、MF白井永地（27）、DF田向泰輝（30）の4人が務める。

最年長の石井は、昨季初めて主将に任命されるまで6年連続副主将を務めた。チームをまとめる大役を今季も任せられ「責任と自覚を持って誰よりも熱く、燃え尽きるまで戦う」と決意を示した。ファン、サポーターに向けては「皆さんはJ2優勝とJ1昇格しか求めてないと思う。達成にはヴォルティスファミリー全員の力が必要。一緒に成長し続けて、最後には歓喜の渦に包まれるシーズンにしましょう」と呼び掛けた。

2011年シーズン以来、12年ぶりに副主将を務める柿谷は「ラバイン監督に選んでもらい、これまでの経験を若い選手へ伝えるとともに、プレーで引っ張っていってほしいと言われた。全員がJ1昇格の目標に向かって進んでいけるようまとめていきたい」と語った。

選手会長には、4年続けてGK松澤香輝（30）が就いた。松澤は「チームの力になれるよう頑張る」と意気込んだ。

J1復帰へ大麻比古神社で必勝祈願

J2徳島ヴォルティスは8日、鳴門市の大麻比古神社で恒例の必勝祈願を行い、選手たちは3季ぶりのJ1復帰に向け、完全燃焼を誓った。

岸田一宏社長をはじめ、選手、スタッフら約60人が参拝。選手のサインと必勝の文字が記された大型の絵馬を本殿に掲げて神事が営まれ、チームを代表して岸田社長、ベニャート・ラバイン監督、石井秀典主将が玉串をささげた。最後に園藤恭久宮司が「監督、選手、スタッフが心を一つにして優勝を目指してほしい」と激励した。

開幕まで10日余りとなり、石井主将は「ポジショニングなど詰めの部分で足りないところはあるが、監督が求める激しさや厳しさをみんなが表現できるようになってきた。新しいことに挑戦して開幕戦ではいいサッカーを見せたい」。12年ぶりに復帰したFW柿谷曜一朗は「どれだけ来てくれるか分からないけど、スタジアムが満員の中でいいスタートを切れる準備はできている。J1昇格を常に目指しながら、自分に厳しく戦っていく」と話した。

2023年4月

青木（日大）来季加入　対人の強さ持つDF

J2徳島ヴォルティスは10日、日大4年のDF青木駿人（22）が2024シーズンに加入することが内定したと発表した。

青木は神奈川県出身で、183センチ、79キロ。横浜Ｆ・マリノスの下部組織から日大藤沢高を経て日大へ進学した。センターバックとして、最終ラインから組み立てる能力に秀でるほか、利き足の左足から正確なロングフィードを繰り出す。

1月の宮崎キャンプに練習生として参加し、Jクラブとの練習試合にも出場。1対1の強さや得意のパスなど、プロにも劣らないプレーを見せていた。

青木は「物心ついた時からの夢だったプロ選手としてのキャリアを、徳島という素晴らしいクラブでスタートできることをとてもうれしく思う。勝利やクラブの目標達成に貢献できるよう日々精進したい」とコメントした。

徳島ヴォルティス2023シーズンの軌跡

2023年5月

J2徳島・大塚製薬が貢献事業　RANS選手、練習参加　経営陣ら意見交換で交流

J2徳島ヴォルティスとメインスポンサーの大塚製薬が地域貢献事業の一環で招いたインドネシア1部リーグの「RANSヌサンタラ」の2選手が18日、板野町の徳島スポーツビレッジで合同練習を行った。

RANSからドイツ1部ドルトムントでもプレーした徳島市出身のMF丸岡満（27）とMFファディラ・アクバル（21）の2選手、クラブオーナーで約7千万人のインスタグラムフォロワーを持つラフィ・アフマッド氏らが訪問。合同練習ではヴォルティスの選手に混じって丸岡選手がランニング、ファディラ選手がボールを奪い合うメニューや3対3のミニゲームなどに取り組んだ。

選手らは17日に徳島入りし、鳴門ポカリスエットスタジアムで金沢戦を観戦した。ラフィ氏はその際、インスタグラムに試合やスタジアムの様子を投稿。この影響でヴォルティスのインスタグラムへのインドネシアからのフォロワーが2千人以上増えたという。ラフィ氏は「ヴォルティスと共同で選手の交流や育成、親善試合などを展開できればいい」と語った。

ラフィ氏やヴォルティスの福島義史事業本部長ら25人が参加した意見交換会もあり、両クラブの収益構造やデジタル戦略などが紹介された。

2023年6月

FW勝島、ジローナＢに完全移籍

J2徳島ヴォルティスは29日、スペイン1部のジローナに期限付き移籍していたＦＷ勝島新之助（20）が、同クラブの下部組織で５部相当のジローナＢに完全移籍で加入すると発表した。

滋賀県出身の勝島は179センチ、80キロのストライカー。京都の下部組織で育ち、U-15、U-16、U-17の年代別日本代表に選ばれた。高いシュート精度が持ち味。徳島には、昨年1月に行われた宮崎キャンプに帯同後の同2月に加入した。すぐにスペインリーグ挑戦が決まり、渡欧していた。

移籍後はジローナBでプレーし、これまで28試合に出て4得点6アシストの成績を残した。トップチームである1部の練習にも招かれ、監督から高い評価を得ていたという。

2023年7月

「現有戦力で昇格へ」ファンと対話集会

J2徳島ヴォルティスは1日、サポーターとの対話集会「サポーターズカンファレンス」を鳴門市の鳴門アミノバリューホールで開いた。夏の選手登録期間（21日～8月18日）を前に、岡田明彦強化本部長が「基本的には既存の戦力で戦っていく」と選手補強には慎重な姿勢を示した。目標とするJ1復帰については岸田一宏社長が「可能性がある限り変更することなく一試合一試合進んでいく」と語った。

サポーターら約60人が出席。22試合終了時点で15位に低迷していることについて岡田本部長は「厳しい状況」と受け止めた。ただ、戦術を変更した4月23日の11節群馬戦以降は、失点の多かったセットプレーの改善などに取り組み、12試合で勝ち点20を積むことに成功したと報告。調子が上向いていることを鑑み、ラバイン監督らとも話し合って「まずは今いる選手を成長させてチームの習熟度を上げる」との方針を固めたという。

一方、選手が他クラブに移籍する可能性に触れ「いろんなことに対応できるよう市場調査などは常に行っていく」とした。

鈴木、ジローナBへ　J2徳島が期限付き移籍発表

J2徳島ヴォルティスは7日、スペイン5部のCFバダロナに期限付き移籍していたFW鈴木輪太朗（ワディ）イブラヒーム（20）が、同5部のジローナBに期限付き移籍すると発表した。期間は2024年6月30日まで。

神奈川県出身の鈴木は192センチ、85キロの大型ストライカー。21年に日大藤沢高（神奈川）から徳島へ入団し、YBCルヴァン・カップ1試合に出場した。同年8月、スペイン1部バレンシアに移籍後、22年に新天地としてバダロナへ移った。ポストプレーやドリブル突破が武器で、バダロナではリーグ戦21試合に出場して4ゴールを挙げた。

渡井、移籍期間延長　ポルトガル1部ボアヴィスタ

J2徳島ヴォルティスは8日、ポルトガル1部・ボアヴィスタFCに期限付き移籍しているMF渡井理己（23）の契約期間延長（2024年6月30日まで）を発表した。

静岡県出身の渡井は168センチ、64キロ。静岡学園高から2018年に徳島入りし、19年にJリーグデビューを果たした。20年には背番号10を背負い持ち味の緩急をつけたドリブル突破でJ2優勝に貢献。22年にボアヴィスタFCに移籍し、リーグ戦15試合で1得点1アシストの成績を残し、カップ戦にも2試合に出場した。

今年6月に一時帰国した際には徳島新聞の取材に対し「攻撃の最後の局面で力を発揮できたし、強豪クラブ相手にも通用した」と手応えを語った一方、「得点やアシストの数字には満足していない」と課題も口にした。

渡井は「昨シーズンは苦しみ、大変なことも多かったけど、それ以上に海外でプレーできることの喜びを感じることができました。気持ちはいつもヴォルティスと共にあります。一緒に頑張りましょう」とコメントした。

カカ、ブラジル1部へ　J2徳島が期限付き移籍発表

J2徳島ヴォルティスは21日、ブラジル人のDFカカ（24）が同国1部のアトレチコ・パラナエンセに期限付き移籍すると発表した。契約期間は2024年7月16日まで。

カカはJ1を戦った21年に同国2部（現在は1部）のクルゼイロから徳島に加入。187センチ、77キロの大型センターバックとして同年にリーグ戦26試合（1得点）、ルヴァン杯2試合（1得点）、天皇杯1試合に出場した。J2に降格した22年はリーグ戦33試合（2得点）、ルヴァン杯6試合、天皇杯1試合に出た。今季は開幕からスタメンに名を連ねたものの、コンディション不良で11節群馬戦を最後に出番がなく、出場はリーグ戦10試合にとどまった。

カカは「いつも応援してくれてありがとうございました。徳島にいた時間はとても楽しく、チャンスを与えてくれたクラブに感謝しています。プレーできなくなるのは寂しいですが、またいつか戻ってきて、ベストを尽くしてサポーターを幸せにできる日が来ることを願っています」とコメントした。

2023年8月

FWサンデー　八戸へ期限付き移籍

J2徳島ヴォルティスは1日、ナイジェリア人FWオリオラ・サンデー（20）が、J3八戸に期限付き移籍すると発表した。契約期間は2023年12月31日まで。

178センチ、68キロのサンデーは、留学先の京都・福知山成美高から入団して2年目。身体能力の高さとスピードを持ち味とする。昨季はリーグ戦6試合、ルヴァン・カップ5試合、天皇杯1試合に出場したが、今季はリーグ開幕戦に先発起用された後は出場機会に恵まれていない。

サンデーは「いつも応援ありがとうございます。試合経験を積み、選手としても人間としても一回り大きくなって戻ってきたいと思います」とクラブを通じてコメントした。

MF永木（J1湘南）を獲得　期限付き高いボール奪取力

J2徳島ヴォルティスは16日、元日本代表でJ1湘南のMF永木亮太（35）を期限付き移籍で獲得したと発表した。背番号は54。契約期間は2024年1月31日まで。

横浜市出身の永木は175センチ、67キロのボランチで、J1川崎の下部組織（U-15、U-18）で育った。中大4年時から湘南の特別指定選手となって11試合に出場し、2011年に正式に入団した。16年から6年間鹿島でプレーした後、22年に湘南に復帰。同年7月からのJ1名古屋への期限付き移籍を経て、今季は再び湘南に戻っていた。

運動量豊富でボール奪取能力が高いほか、キックの精度も高く、セットプレーのキッカーを務める。リーグ戦はJ1通算267試合（9得点）、J2通算108試合（12得点）に出場。鹿島時代には日本代表としてキリン・チャレンジカップ（1試合）のほか、アジア・チャンピオンズリーグ（ACL）やクラブワールドカップ（W杯）にも出場しており、豊かな経験とリーダーシップを有している。

永木は「自分の持っている力を全て出すつもりで徳島のために頑張りたい」とクラブを通じて抱負を語った。

ラバイン監督解任　成績不振　後任は吉田氏（甲府前監督）

J2徳島ヴォルティスは22日、成績不振に伴い、スペイン人のベニャート・ラバイン監督（35）の契約を21日付で解除したと発表した。後任には昨季J2甲府を天皇杯優勝に導いた吉田達磨氏（49）を据える。吉田氏は23日から指揮を執る。日本人が監督を務めるのは2016年シーズン以来。

クラブは今季、17年のリカルド・ロドリゲス氏から続くスペイン人指揮官によるパスサッカーを継承・発展させようと、スペイン人として3人連続となるラバイン氏を監督に迎えた。しかし、開幕から11試合連続未勝利というクラブワースト記録を残すなど不振が続いた。

初勝利を挙げた12節以降は立て直して一時15位まで浮上したものの、21節から再び10試合未勝利と結果を出せず、J3降格圏の21位まで後退。前節（31節）の山口戦に勝って19位（6勝15分け10敗、勝ち点33）に浮上したが、残留争いからは抜け出せていない。

ラバイン氏は「自分が何者であるかを考え、徳島に来た。そして自分が何者であるかを知ってここを去る。素晴らしい国での素晴らしい経験。その全てに感謝している」などとクラブを通じてコメントした。

一方、監督就任が決まった吉田氏は埼玉県出身。現役時代はMFとして柏や京都などでプレーした。08年に柏の下部組織で監督としてのキャリアをスタートさせ、15年に柏で初めてトップチームを率いた。その後、新潟、甲府、シンガポール代表の監督を歴任し、甲府では17年にJ2降格も経験。22年に再び甲府の指揮を執った際は、J2クラブとして2チーム目となる天皇杯優勝を果たした。

2023年9月

MF森田が奈良へ移籍　育成型期限付き

J2徳島ヴォルティスは6日、J3琉球に育成型期限付き移籍していた徳島市出身のMF森田凜（21）が契約を解除し、J3奈良に育成型期限付き移籍すると発表した。契約期間は2024年1月31日まで。

森田はボールキープ力と展開力のあるボランチ。23年は今季からJ3で戦う琉球に育成型期限付き移籍し、リーグ戦13試合、天皇杯2試合に出た。奈良には日本フットボールリーグ（JFL）だった21、22年に育成型期限付き移籍していた。

2023年10月

ファン2000人と交流　板野で感謝祭

J2徳島ヴォルティスのファン感謝祭が9日、板野町のあすたむらんど徳島であり、サポーターや家族連れら約2000人がさまざまな催しを通じて選手と交流した。

選手31人と吉田達磨監督のほか、スタッフら12人が参加。サイン会や選手とパス交換するイベントなどが行われ、シュートでボウリングのピンを倒すアトラクションでは、子どもたちは選手のアドバイスを受けながらストライクを狙った。柿谷曜一朗や渡大生らから「よし行けー」などと励まされて全てのピンを倒すと、笑顔の花を咲かせていた。

新型コロナウイルス禍の影響で、開催は4年ぶり。プロ3年目で初めての参加となった徳島市出身の西野太陽は「自分が夢を与える立場としてこの場に立ててうれしい。充実した時間を過ごせた」と語った。

髙田優（静岡学園高）来季加入　左利きの攻撃的MF

J2徳島ヴォルティスは18日、静岡学園高3年のMF髙田優（18）が2024シーズンに加入することが内定したと発表した。

静岡県出身の髙田は179センチ、67キロ。清水の下部組織を経て静岡学園高へ進学した。左利きの攻撃的MFとしてトップ下や右サイドハーフを務め、自ら決め切るシュート力があるほか、仲間に的確なパスを送り得点をアシストする。セットプレーのキッカーも担う。

髙田は「一日でも早くピッチに立てるよう成長していく。応援よろしくお願いします」とコメントした。

2023年11月

4年ぶりに謝恩会　来季の巻き返し誓う

J2徳島ヴォルティスは14日、徳島市のJRホテルクレメント徳島で2023年シーズン終了謝恩会を開いた。終盤まで残留争いを演じた苦しいシーズンでも最後まで応援を続けたサポーターに岸田一宏社長や吉田達磨監督が感謝を述べ、来季の巻き返しを誓った。

スポンサー企業の関係者や法人会員ら約450人が出席。最初に岸田社長が「残留争いに陥り、心配をお掛けした。次の時代に向けてクラブはさらなる成長を遂げられるよう、まい進していく」とあいさつした。参加者は選手33人や吉田監督と歓談したり、記念撮影をしたりしながら今季を振り返っていた。

ファン投票によるベストゴールが発表され、第18節（5月28日）のホーム町田戦の後半35分にFW柿谷が放った勝ち越しシュートが1位に選ばれた。柿谷は「もっとすごい、皆さんの記憶に残るゴールをたくさん決めていきたい」と語った。

選手が選ぶMVPには今季限りで引退した石井秀典主将が選出され、「（引退に）後悔も心残りもない。サポーターの皆さんの励ましに力をもらった」と徳島で過ごした現役生活を振り返った。

最後にマイクを握った吉田監督は「声援を送り続けてくれたサポーターには感謝しかない。勝ちを信じて走る。その気持ちが皆さんに伝わるようなプレーを見せ続ける」と感謝を述べた。謝恩会は新型コロナウイルスの影響で開催を見合わせていたが、今年は4年ぶりに開いた。

「一層の努力必要」チーム解団式　主将、奮起促す

J2徳島ヴォルティスは15日、板野町の徳島スポーツビレッジでチーム解団式を行った。J1復帰を逃し、終盤まで残留争いを演じることになった悔しさを胸に抱きながらも、選手たちは互いの健闘をたたえ合い、来季の巻き返しを誓った。

選手、コーチングスタッフら約50人がミーティング室に集合。ラバイン前監督に代わり、32節金沢戦から指揮を執ってきた吉田監督は「一緒に仕事ができて良かった。自分を受け入れてくれて本当にありがとう」と感謝を伝えた。ピッチに出てきた選手らは集合写真を撮った後、笑顔で握手するなどして１年間の労をねぎらっていた。

徳島に9年間在籍し、今季で引退した石井秀典主将は「いいシーズンではなかった。今後は自分たちに矢印を向け、足りないところをどうにかしていく必要がある。（自分はチームを去るが）日々あがきながら一人一人が練習に励み、努力していかないといけない」と語った。

徳島ヴォルティス激闘の軌跡2023

発　行　2023年12月20日発行
定　価　1,320円（本体価格1,200円+税）
取　材　徳島新聞社編集局
協　力　徳島ヴォルティス株式会社
発行者　池上 治徳
発行所　徳島新聞社
　　　　〒770-8572　徳島市中徳島町2丁目5-2
　　　　電話（088）655-7340
印　刷　株式会社プリントパック

本書は徳島新聞に掲載された記事を基に、再構成しました。
記事中の人物の肩書や事実等は原則として各試合や新聞掲載時のものです。

ISBN978-4-88606-172-0
C0075 ¥1200E
定価1,320円(税込)(本体価格1,200円)

平成29年・30年改訂 学習指導要領対応

新版

省エネ行動スタートBOOK

松葉口玲子　三神彩子 監修

SDGsの学びに最適
授業で使えるワークシート&指導案付

開隆堂